Knaur

W0398000

RENÉ ZEY

EINLADUNGEN TEXTEN UND GESTALTEN

IMPRESSUM

Bibliografische Information Der Deutschen Bibliothek
Die Deutsche Bibliothek verzeichnet diese Publikation in der Deutschen Nationalbibliografie; detaillierte bibliografische Daten sind im Internet über http://dnb.ddb.de abrufbar.

Die im Buch veröffentlichten Ratschläge wurden von Verfasser und Verlag sorgfältig erarbeitet und geprüft. Eine Garantie kann dennoch nicht übernommen werden. Ebenso ist die Haftung des Verfassers bzw. des Verlages und seiner Beauftragten für Personen-, Sach- und Vermögensschäden ausgeschlossen.

Umschlagkonzeption: ZERO Werbeagentur, München
Umschlaglayout und -herstellung: Daniela Meyer
Umschlagfoto: getty images/Peter Nicholson

Projektleitung: Annett Wagner
Lektorat: redaktionsbüro drajabs, Berlin
Satz und Layout: Diamond Graphics KG, Augsburg
Herstellung: Hartmut Czauderna
Druck und Bindung: Firmengruppe APPL, aprinta druck, Wemding

ISBN 978-3-426-64162-0
Printed in Germany

05 04 03
Bitte besuchen Sie uns im Internet:
www.knaur-ratgeber.de

Knaur

RENÉ ZEY

EINLADUNGEN TEXTEN UND GESTALTEN

ORIGINELL UND FANTASIEVOLL

ÜBER 70 MUSTERTEXTE ZU ALLEN ANLÄSSEN

www.droemer-knaur.de

IMPRESSUM

Bibliografische Information Der Deutschen Bibliothek
Die Deutsche Bibliothek verzeichnet diese Publikation in der Deutschen Nationalbibliografie; detaillierte bibliografische Daten sind im Internet über http://dnb.ddb.de abrufbar.

Die im Buch veröffentlichten Ratschläge wurden von Verfasser und Verlag sorgfältig erarbeitet und geprüft. Eine Garantie kann dennoch nicht übernommen werden. Ebenso ist die Haftung des Verfassers bzw. des Verlages und seiner Beauftragten für Personen-, Sach- und Vermögensschäden ausgeschlossen.

Umschlagkonzeption: ZERO Werbeagentur, München
Umschlaglayout und -herstellung: Daniela Meyer
Umschlagfoto: getty images/Peter Nicholson

Projektleitung: Annett Wagner
Lektorat: redaktionsbüro drajabs, Berlin
Satz und Layout: Diamond Graphics KG, Augsburg
Herstellung: Hartmut Czauderna
Druck und Bindung: Firmengruppe APPL, aprinta druck, Wemding

ISBN 978-3-426-641620
Printed in Germany

05 04 03
Bitte besuchen Sie uns im Internet:
www.knaur-ratgeber.de

INHALT

Es gibt unendlich viele Gründe, Feste zu feiern! Sie begehen die großen Ereignisse des Familienlebens wie Hochzeit, Taufe und Konfirmation und sicher auch die immer wiederkehrenden, fröhlichen Anlässe Geburtstag und Silvester, und natürlich feiern Sie zusätzlich die ganz und gar einmaligen Feste: die Einweihungsparty, das Mottofest oder das Dinner for two.

Zu jedem dieser Anlässe werden Sie einladen, und dieses Buch soll Ihnen die Möglichkeit geben, für jede Feier die passende Einladung zu erfinden. Mit einer pfiffigen Einladung liefern Sie Ihren Gästen nicht allein einen Eyecatcher, sondern auch eine originelle Visitenkarte und machen sich als Gastgeber unvergesslich und unverwechselbar.

Natürlich gestalten Sie die originellsten Einladungen selber. Dieser Ratgeber will Ihnen helfen, Ihrer Einladung die richtige optische Form und grafische Gestaltung zu geben, Text und Inhalt griffig zu formulieren und kreativ mit Zeichnungen und Fotos, Aufklebern, Fotokopien und Zeitungsschlagzeilen zu spielen.

Je nach dem Anlass werden Ihnen auch die Grundregeln sowie die Formen und gesellschaftlichen Konventionen erklärt, die es einzuhalten gilt. Schließlich soll Ihre Einladung Freude machen und niemanden vor den Kopf stoßen, und sie muss alle Informationen enthalten, die Ihre Gäste brauchen, um sich gut gelaunt einstellen zu können.

Die Einladungen, die Sie mit Hilfe dieses Ratgebers erstellen werden, wenden sich an Jung und Alt: an die Gäste von Taufe, Verlobung und silberner Hochzeit ebenso wie an Teilnehmer von ausgelassenen Feiern im Jahres- und Lebenslauf und an alle, die Sie zur Housewarming-Party, zum Berufsjubiläum, zur informellen Grillparty oder zum piekfeinen Sektfrühstück laden möchten. In jedem Abschnitt dieses Buches finden Sie deshalb zunächst eine knappe Charakterisierung des Festes, zu dem geladen wird. Danach folgen jeweils konkrete Tipps und Anregungen zur textlichen und grafisch-dekorativen Gestaltung einer Einladung sowie Mustertexte und (meist mehrere) Gestaltungsvorschläge.

Die Beispiele und Muster, die dieses Buch Ihnen bietet, können ohne großen Zeit- und Materialaufwand realisiert werden. Oft genügt ein kleiner Falz, ein geschickter Schnitt mit der Schere oder ein pfiffiges Wortspiel, um einer Idee den letzten Schliff zu geben. Viele Text- und Gestaltungsideen sind abgedruckt. Sie können sie eins zu eins übernehmen oder Details abwandeln, wie Sie sie brauchen.

Neben die klassische Einladungskarte aus Papier oder Karton, die am Tisch oder am PC gestaltet wird, ist schon längst der allgegenwärtige Einsatz von Handy, Digitalkamera, Scanner und Internet getreten. Wie man damit umgeht und was man damit bewirken kann, steht in diesem Buch. Ausführliche Hinweise finden Sie auch für das Auffinden geeigneter Bildvorlagen im Internet sowie für das Verschicken von SMS, MMS und E-Mail-Einladungen.

Für einige Mustervorlagen erhielt der Autor Anregungen von Freunden, Bekannten, Nachbarn und Grafikerkollegen. Besonderer Dank gilt daher Elisabeth und Jürgen Bansberg, Antje Bellingen, Inge Brandt, Bärbel und Dirk Ellerbrok, Martina und Hartmut Ernst, Christiane Harder, Christel, Martin und Volker Gruner, Magdalena und Joachim Kausch, Ulla und Stefan Kirner, Evelyn Langhans, Christel und Peter Pilath sowie Heike und Oliver Waffender, ohne die das Spektrum dieses Buches weniger breit und bunt geworden wäre.

Zu Festen im kleinen Kreis oder bei spontanen Anlässen können Sie natürlich mündlich einladen. Aber wenn es um eine traditionelle Familienfeier geht, ist eine schriftliche Einladung ein Muss.

Eine schriftliche Einladung erfordern alle Feste, die langfristig geplant werden und komplizierte Vorbereitungen erfordern. Dazu gehören in erster Linie Familienfeiern wie Taufe, Kommunion, Konfirmation oder Hochzeit, aber auch runde Geburtstage, Klassentreffen, Ruhestand u. Ä. Im Allgemeinen wird zu so wichtigen Anlässen zwei bis drei Wochen vor dem Festtag eingeladen.

Schriftliche Einladungen sollten Sie auch zu privaten Anlässen wie einem Essen zu zweit oder einem Fest im kleineren Familienkreis versenden. Bei diesen Anlässen wirkt Ihre Einladung persönlicher, wenn Sie sie mit der Hand schreiben, es sei denn, Ihre Schrift ist absolut unleserlich. Auch bei einem Kindergeburtstag sollte die Einladung mit der Hand geschrieben werden, möglichst natürlich durch den kleinen Jubilar selbst.

10 GRUNDREGELN, DIE SIE BEFOLGEN SOLLTEN

Ihre Gäste brauchen einige Informationen, die Ihre Einladung in jedem Fall enthalten muss. Sonst gibt es Missverständnisse, oder Sie können sich vor Rückfragen nicht retten. Jede noch so persönliche und individuelle Einladung mit witzigem Text, mit Collagen, Zeichnungen oder Fotos, aber auch jede vorgedruckte Karte sollten Sie vor dem Absenden noch einmal darauf überprüfen, ob sie die folgenden 10 Grundregeln befolgt.

1. Der Anlass: Jeder Gast soll unmissverständlich erfahren, wozu er geladen ist. Dies kann durch Zusätze wie »zum bestandenen Abitur«, »zum Candlelight-Dinner« oder »zur Wohnungseinweihung in München« geschehen.

2. Der Tag: Bei der Zeitangabe können Sie kaum des Guten zu viel tun. Es ist sinnvoll, außer dem kalendarischen Datum auch den Wochentag anzugeben. Sehen Sie dabei selbst noch einmal auf den Kalender, man irrt sich leichter, als man denkt.

3. Die Stunde: Sagen Sie Ihren Gästen genau, wann Sie sie erwarten und ob sie genau zu dieser Uhrzeit eintreffen sollten. Bei einer kirchlichen Trauung oder einem warmen Abendessen erwarten Sie Pünktlichkeit auf die Minute. Andere Anlässe – Sektempfang, Klassentreffen, Mottoparty – erfordern das nicht.

4. Der Ort: Hier muss die komplette Adresse des Ortes stehen, an dem gefeiert wird, mit Straße, Hausnummer, Postleitzahl und – wenn Sie auswärtige Gäste erwarten – auch Stadt bzw. Stadtteil. Falls die Tagesadresse vom Ort einer vorhergehenden Veranstaltung abweicht, z. B. bei Taufe oder Hochzeit, müssen beide Adressen sowie Ihre Handynummer auf der Anfahrtskizze verzeichnet sein.

5. Die Anfahrt: Fertigen Sie für Ihre Gäste eine Anfahrtskizze an. Tragen Sie zur Orientierung wichtige Wegmarken und Orientierungspunkte (Autobahnkreuze, Tankstellen etc.) ein und heben Sie diese grafisch hervor. Ein elektronischer Routenplaner leistet hier wichtige Hilfen, da Sie den Maßstab frei wählen und anschließend ausdrucken können. Neben den Angaben für Autofahrer sollten Sie ggf. auch Angaben für die Anfahrt mit öffentlichen Verkehrsmitteln machen. Teilen Sie auch Ihre Handynummer mit, damit herumirrende Gäste Sie notfalls anrufen und um Detailanweisungen bitten können.

6. Die Kleidung: »Was ziehe ich an?« ist häufig die erste Frage der Gäste. Bei offiziellen Anlässen gibt es Hinweise auf die erwünschte Herrengarderobe, z. B. »Abendanzug« oder »Frack« – von Damen erwartet man, dass sie dann wissen, was sie anziehen sollen. Bei Ihrem privaten An-

Mit dem Auto: *Über die A 61 bis zum Autobahnkreuz Kerpen, vom Abzweig Kerpen auf die A 264 nach links einbiegen, ca. 3 km geradeaus fahren und hinter der Brücke Richtung Köln auf die A 55 abbiegen. Ca. 5 km geradeaus fahren und vor der Tankstelle links in die Sebastianusstraße einbiegen. Die Straße führt nach ca. 2 km auf einen kleinen Dorfplatz mit Ziegendenkmal. Dort links in die Widderstraße einbiegen und den Berg hochfahren. Am Kreisel links in die St.-Magdalenen-Straße einbiegen.*

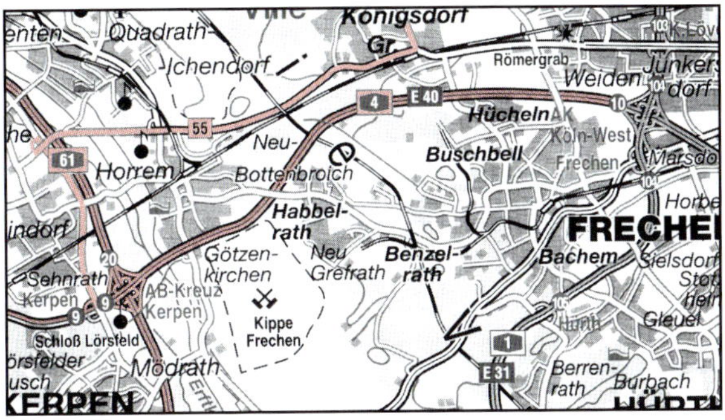

Mit öffentlichen Verkehrsmitteln: *Mit der S-Bahn Linie 9 aus Richtung Köln oder Aachen am Bahnhof Königsdorf aussteigen, dort entweder mit dem Taxi oder der Buslinie 967 Richtung Horrem weiterfahren. Nach zwei Stationen am Haltepunkt Sebastianusstraße aussteigen und die restlichen 2 km zu Fuß gehen.*

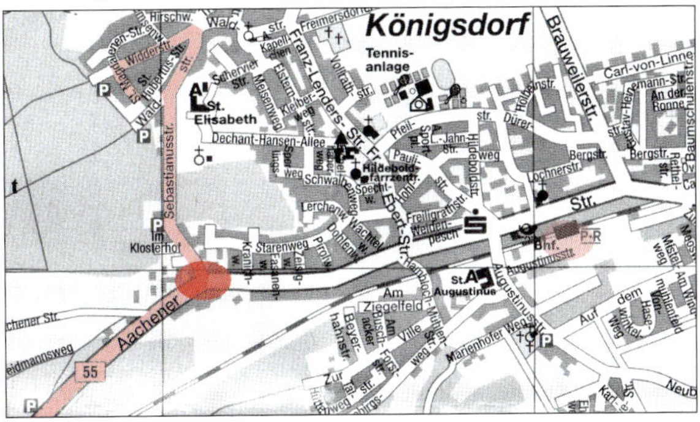

Haltepunkt Sebastianusstr.   S-Bahnhof Königsdorf

lass können Sie ebenso gut um »sommerliche Kleidung«, »Freizeitdress« oder auch »um möglichst schräge Kleidung aus den 80ern« oder »Gruftiefarben« bitten.

7. Geschenke: Kleine Mitbringsel sind kein Thema, aber bei runden Geburtstagen, Hochzeitstagen etc. zerbricht sich ja mancher Gast lange vorher den Kopf. Wenn Sie sich Geld wünschen – um die Feier zu finanzieren oder weil Sie sich einen größeren Wunsch erfüllen möchten –, teilen Sie das offen und unmissverständlich bei der Einladung mit, und stellen Sie bei Ihrer Feier ein diskretes Sparschwein o. Ä. für die Beiträge Ihrer Gäste auf. Vielleicht aber möchten Sie, anstatt Geschenke anzunehmen, lieber für einen wohltätigen Zweck spenden. Dann versehen Sie Ihre Einladung mit einem auffälligen Zusatz. Vermerken Sie in einem solchen Fall den Namen der Stiftung (etwa »Deutsche Krebshilfe«), die Bankverbindung mit Kontonummer und Bankleitzahl sowie ein Kennwort (zum Beispiel »60. Geburtstag von Fritz Stavenhagen«).

8. Hotelzimmer: Wenn Sie Gäste einladen, die von weit her anreisen, sollten Sie ein oder mehrere Hotelzimmer reservieren. Eine separate Wegeskizze und/oder ein Hotelprospekt sollte der Einladung dann ebenso beiliegen wie ein kurzer Satz darüber, ob Sie die Kosten für die Übernachtung tragen oder nicht und wer die Zimmerreservierung bestätigen/stornieren sollte.

9. U. A. w. g.: Natürlich wollen Sie Ihre Feier planen, auch wenn Sie nur dem Restaurant die Größe eines Bufetts frühzeitig angeben müssen. Sagen Sie das Ihren Gästen deutlich durch das gängige Kürzel »U. A. w. g.« (Um Antwort wird gebeten), und setzen Sie den Zusatz »bis zum ...« und Ihre Telefonnummer oder Adresse dazu. Der Rücklauf wird größer sein, wenn Sie der Einladung auch Antwortkarten beilegen, die Sie aus Höflichkeit vorfrankiert haben.

10. Erinnerungskarten: Kurz vor dem großen Tag sollen so genannte Erinnerungskarten noch einmal auf Ihre Einladung hinweisen. Sie enthalten die wichtigsten Daten wie Ort, Datum und Uhrzeit.

DAS OUTFIT IHRER EINLADUNG: GRAFIK, BILDER, 3-D-EFFEKTE UND SCHRIFT

Persönlich gestaltete Einladungen sind Visitenkarten des Gastgebers, die beim Adressaten für Überraschung und Vorfreude sorgen. Je ausgefallener sie aussehen, je mehr Witz und Originalität sie zeigen, desto mehr machen sie neugierig auf das bevorstehende Fest.

DER STIL IHRES FESTES IST DER STIL IHRER EINLADUNG

Die Möglichkeiten, eine Einladung optisch ansprechend zu gestalten, sind fast unbegrenzt. Bevor Sie sich aber ins Meer der Möglichkeiten hineinstürzen, sollten Sie überlegen, zu welchem Anlass Sie einladen. Denn der Charakter Ihres Festes bestimmt auch den Stil Ihrer Einladung.

Wenn Sie z. B. Gäste zur Konfirmation bitten, werden Sie an den ernst frohen Charakter des Festes denken und eine gediegene Grafik wählen. Vielleicht stellen Sie ein Bild des Konfirmationskindes in einen seriösen Rahmen und benutzen eine klassische, eher konservative Schrift.

Auf ähnliche Weise gehen Sie bei allen religiösen Festen vor, z. B. bei Taufe und Hochzeit, aber auch bei Ehejubiläen ab der Silberhochzeit nach 25 Jahren und bei Geburtstagen von Jubilaren, die 70 und älter sind. Ältere Familienmitglieder empfinden eine weniger konventionelle Einladung mitunter als Stilbruch.

Bei einer Einladung zum Frühschoppen anlässlich Ihres 30. Geburtstags dagegen können Sie »Ihrem Affen Zucker geben« und Ihren Einfallsreichtum spielen lassen, indem Sie Ihren Text z. B. als Parodie der BILD-Zeitung optisch passend aufmachen. Diese Einladung wendet sich an eine homogene Gruppe jüngerer Gäste und soll nichts als Laune machen – jede Förmlichkeit wäre hier verkehrt.

Nach diesem Rezept können Sie bei den meisten Geburtstagsfesten verfahren, aber auch bei Housewarming-Partys, Examensfeiern und Mottopartys aller Art.

Ein spektakuläres Geburtstagsfest

In Köln-Hahnwald

Wild geht bald die Post ab

Alle sind unheimlich gut drauf!

Glückwunsch

Frühschoppen am 12. 7. 20..

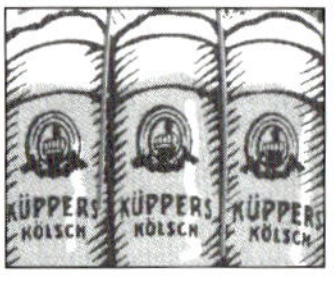

Feiert mit mir ab 11 Uhr im »Alten Kaiserbahnhof«, Kierberger Str. 158 in Köln-Hahnwald.

Kölsch · Budweiser
Andechser · Hefeweisse
Krombacher · Warsteiner

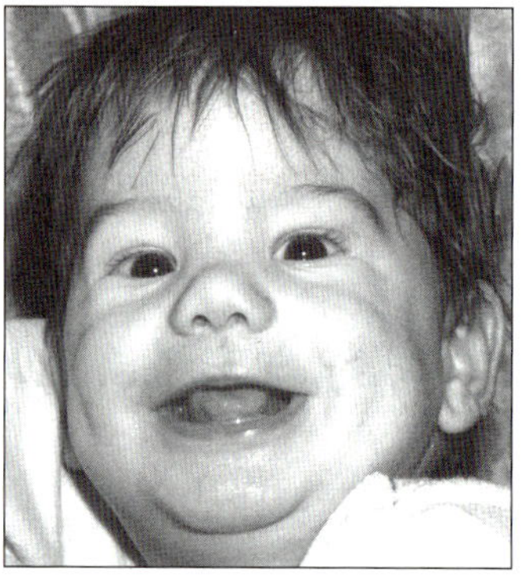

Schwenkbraten und Gerichte vom Grill

u. A. w. g.: ☎ oder ✉

Die nackte Wahrheit: Wieder 1 Jahr älter !!!

Eine simple Karte, die mitteilt, worum es geht? Eine Klappkarte? Das kennen wir schon, das reißt uns nicht vom Stuhl. Es gibt Besseres!

Die einfachste Methode: Schneiden Sie Ihre Einladung in Stücke und lassen Sie Ihre Gäste das Puzzle wieder zusammensetzen! Das macht nicht nur Kindern Spaß.

Relativ wenig Arbeitsaufwand erfordert das Guckloch-Verfahren, bei dem Sie nur darauf achten müssen, dass die Information auf der unten liegenden Karte genau unter dem Guckloch steht, das Sie sauber aus der oben liegenden Karte herausgeschnitten haben (s. unten).

Komplizierter wird es für Sie beim »Modell Adventskalender«, wenn der Gast nach und nach Türen öffnet und den Inhalt Ihrer Einladung erfährt (s.S. 72). Eine einfache Pizzaverpackung kann dadurch wie ein Weihnachtskalender gestaltet werden. Türchen für Türchen entfaltet sich Ihre Botschaft:

Tür 1: Einladung

Tür 2: Die leckerste Pizza in ganz Mainz

Tür 3: Dazu Vino rosso

Tür 4: Bei Petra und Horst

Tür 5: Am 19. November ab 20 Uhr

Tür 6: Noch Fragen? 0 61 52-8 85 43

Eine Einladung zur Nikolausfeier können Sie ganz ähnlich gestalten. Zeichnen Sie zuerst einen Weihnachtsbaum mit vielen brennenden Kerzen auf Karton, schneiden Sie fünf oder mehr aufklappbare Fenster darin ein und schreiben Sie den Text auf einen zweiten Karton. Wenn Sie beide Kartonhälften zusammenkleben und das Fenster wieder zuklappen, ist die Einladung fertig!

Tür 1: Liebe Edith, hast du Lust, mit uns den Nikolausabend zu verbringen?

Tür 2: Wir möchten euch gern für den 5. Dezember einladen. Familie Schramm kommt auch – dann sind wir 12 Leute.

Tür 3: Bring Engelsgeduld und Thorsten als Nikolaus mit (Reiner verkleidet sich wieder als Knecht Ruprecht).

Tür 4: Es gibt selbst gebackenen Stollen und Mandelspekulatius.

Tür 5: Wenn jeder Erwachsene ein kleines Geschenk mitbringt, wird der Sack von Nikolaus schön voll.

Diese Effekte erfordern eine Kombination von Falt- und Schneidetechniken. Ein Paar, das zur Feier des freudigen Ereignisses »Geburt« einlädt, kann z. B. eine Karte so falten, dass der Nachwuchs erst beim Aufklappen der Karte sichtbar wird.

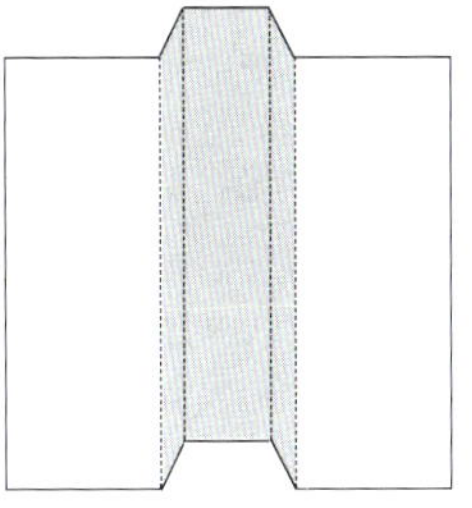

Lädt man zu einer Hochzeit ein, kann man eine Karte so falten bzw. schneiden, dass zunächst die Gesichter von Braut und Bräutigam nebeneinander zu sehen sind, ehe durch Aufklappen der Karte der Inhalt der Einladung verraten wird. Oder Sie zeichnen Hände, die sich berühren, bzw. Champagnergläser, die anzustoßen scheinen.

Manche Feiern fordern geradezu heraus, die Einladung auf bestimmte Gegenstände zu schreiben, z. B. auf Luftballons (Faschingsfest), Tapete (Housewarming-Party), Filtertüte (Kaffeekränzchen) oder farbige Servietten (Grillfest).

Bei anderen Anlässen lassen Sie aus Ihrer Einladung etwas herauspurzeln, ein so genanntes Gimmick, das sofort auf den Inhalt des Festes verweist: Eintrittskarten (Besichtigung oder Oper), die Speisekarte des Restaurants, in das Sie einladen, oder die selbst gestaltete Menükarte des Festessens, das Sie vorbereiten, Heftpflaster (Wandertour) oder Nudeln (Pasta-Fete).

Oft wirken Einladungen auch durch die geschickte Kombination mit einem Bild besonders zündend. Für ein Dinner for two oder eine Einladung ins Kino genügt eine entsprechende Anzeige des Restaurants oder des Kinofilms, die Sie aus einer Zeitung ausreißen und auf eine Karte mit dem handschriftlichen Zusatz »Bist eingeladen am Samstag, den 20. November 20.., 19 Uhr!« kleben.

Wenn Sie im Schreibwarenhandel nach Flitter-Boxen fragen, zeigt man Ihnen viele kleine, gestanzte Motive, die Sie Ihrer Einladung beilegen können. Herzen schmücken dann Ihre Einladung zum Dinner for two, ausgestanzte Ziffern die zum Jubiläum oder zum runden Geburtstag. Sterne und Engel machen Lust auf die Weihnachtsfeier, eine Vitaminpille zur Radtour und Alka Seltzer stimmt auf den Herrenabend ein.

Viele Einladungen – vor allem zur Hochzeit oder zu runden Geburtstagen und Ehejubiläen – werden am wirkungsvollsten durch ein Foto des Jubilars oder Paares geschmückt. Wenn Ihre beste Freundin 50 wird, suchen Sie in alten Fotokisten nach einem passenden Kinderporträt und kombinieren es mit einer originell getexteten Sprechblase: »Grausam! Diese Frau, die gestern noch in der Blüte ihres Lebens stand, wird 50!«

Besonders dankbar, aber natürlich durch die Sucherei auch viel zeitaufwändiger, ist eine Fotocollage, die z. B. für eine Einladung zur Silberhochzeit markante Szenen und wichtige Stationen aus dem Leben der Jubilare zeigt.

TIPPS FÜR INDIVIDUALISTEN

Wenn Ihnen das zu »vorgestanzt« ist, lassen Sie sich von den Regalen im Super- oder Drogeriemarkt inspirieren. Vielleicht finden Sie das Motiv, das genau zu Ihrer Einladung passt, auf einer Suppentüte, einem Bonbonpapier oder auf dem Etikett einer Weinflasche!

Fotokopien? Gar nicht langweilig!

Manche Einladungen bekommen den richtigen Pfiff gerade durch Gimmicks, die an sich total dröge und langweilig aussehen: Eine Kopie vom Standard-Mietvertrag ziert die Einladung zur Housewarming-Party, ein Grundriss passt zur Hauseinweihung, die gescannten Autoschlüssel zieren Ihre Einladung zur Probefahrt. Die Geburtsurkunde bildet den passenden Hintergrund für ein Fest zu Ehren des neuen Erdenbürgers.

Aber auch andere Dinge lassen sich auf den Kopierer legen: Spielsteine »untermauern« Ihre Einladung zum Spielenachmittag, ein paar dekorative Gemüse locken zum Brunch und ein dekorativ platzierter Teebeutel zur Tea-Party.

Handarbeit bleibt Handarbeit

Heute werden die meisten Einladungen am Computer layoutet und häufig per SMS und E-Mail verschickt. Aber die selbst gestalteten, mit althergebrachten Methoden erstellten Karten erfreuen immer noch am meisten und heben sich wohltuend von aller elektronischen Zauberei ab.

Kartoffeldruck

Die simpelste Methode, um einer Einladung einen persönlichen und individuellen Charakter zu geben, ist die Anwendung des altbekannten Kartoffeldrucks. Sie brauchen dazu nur eine Kartoffel und gut deckende Plakatfarben. Schneiden Sie die Kartoffel glatt durch und zeichnen Sie darauf, was Sie drucken möchten, z. B. ein Smiley. Das Ergebnis ist am besten, wenn Sie möglichst wenig

Details einzeichnen. Achten Sie darauf, dass das Motiv nachher im Druck seitenverkehrt erscheinen wird! Nun schneiden Sie mit einem scharfen Messer alles weg, das nicht gedruckt werden soll, streichen Farbe auf Ihr Motiv und prüfen mit einem Probedruck auf saugfähigem Papier, ob es so aussieht, wie Sie möchten. Auf diese Weise können Sie Ihre Einladungen besonders gut mit Zahlen, einfachen Motiven und Ornamenten verzieren.

Sehr gut sieht es z. B. aus, wenn eine Kette gleicher Ornamente über den oberen Rand der Klappkarte läuft und Sie mit der Hand Buchstaben hineinschreiben wie »Es ist so weit« oder »Wir trauen uns«.

Hand-, Fuß- und Fingerabdrücke

Hübsch zur Taufe, zum Kindergeburtstag und zur Erstkommunion: Sie bestreichen Hand oder Fuß Ihres Babys oder Kindes mit Farbe und setzen den Abdruck auf Ihre Einladung. Selbst ein Fingerabdruck lässt sich reizvoll für eine Einladung verwenden, vor allem, wenn man ihn mit einer Filzstift- oder Kugelschreiberzeichnung kombiniert (s. S. 66).

PASSENDE SYMBOLE FINDEN

Fast für jeden festlichen Anlass und sicher für jedes Motto, unter dem Sie feiern möchten, gibt es markante Symbole, die Ihre Einladung schmücken oder prägen können.

- Hochzeit: Ringe, Tauben, Herzen, Kutsche
- Taufe: Storch, Babyschuhe, Klapper, Fläschchen
- Kommunion/Konfirmation: Kirche, Kelch, Weintraube und Brot, Kreuz, Fisch
- Geburtstag: Luftballons, Kerzen, Torten
- Runder Geburtstag: Ziffer im Schmuckrahmen oder Lorbeerkranz

- Grillfest: Hähnchen, Bierglas, Bierbank, Bäume
- Empfang: Sektgläser, Korken, Flaschen
- Dinner: Teller, Besteck, Weingläser
- Kaffeetafel: Torte, Tasse, Gabeln
- Italienische Nacht: Gondel, Spaghetti, Chianti-Flasche

Sie finden solche Symbole in Schreibwarenläden oder Deko-Geschäften. Es gibt Bögen mit selbstklebenden Motiven oder Folien zum Übertragen auf Papier.

Was Ihr PC bereithält ...

Auch in Clip-Art-Sammlungen auf CD, die Sie in Computergeschäften erstehen können, gibt es zahllose geeignete Motive – von Herzen, Störchen und Tierkreiszeichen bis hin zu gezeichneten Partyzelten oder originellen Lichterketten. Solche Clip-Arts können direkt in ein Layout- oder Textprogramm importiert werden und lassen sich stufenlos und ohne Qualitätsverlust vergrößern.

Im Internet gibt es Websites, die Clip-Arts nach allen möglichen Kategorien auflisten. Oft können Sie dort zwischen etlichen Motiven und Stilen wählen. Clip Gallery von Word enthält in Kategorien wie »Essen und Trinken«, »Menschen«, »Metaphern«, »Symbole« Ornamente, Linien, Zierrahmen und Piktogramme, die Sie für eine Einladungskarte nutzen können. Geben Sie den Begriff »Clipart« in Suchmaschinen wie Alta Vista, Google, Lycos, Fireball oder Yahoo ein und klicken Sie auf die Adressen der gefundenen Einträge.

Diese Websites bieten Ihnen häufig auch Links zu weiteren Motiven, die Sie brauchen können, z. B. zu bewegten und tönenden Smileys, die Sie Ihrer E-Mail-Einladung (s. S. 30ff.) anhängen können. Die Verbindung zu diesen Manga-Cliparts, Icons, Anime-Cliparts, Buttons und Fun Pics lohnt sich. Die Recherche wird leichter und geht schneller, wenn Sie z. B. einen Suchbegriff wie »Geburtstagstorte«, »brennende Kerzen«, »gefüllte Sektgläser« eingeben.

... und das gute alte Buch

Wichtige Anregungen finden Sie in Büchern zum Thema Kommunikationsdesign oder Gebrauchsgrafik: Piktogramme, Ornamente und Schmuckrahmen können problemlos durchgepaust oder abgezeichnet, fotokopiert oder eingescannt werden. Eine ergiebige Inspirationsquelle sind alte Enzyklopädien, in denen Sie kalligraphische Alphabete und zum Thema Ihrer Einladung passende Symbole finden können, in Kupferstichen z. B. oder Holzschnitten.

Wenn Sie etwas Aktuelles, Modern-Lustiges suchen, lohnt sich das Stöbern in Zeitungen, Zeitschriften und Werbebeilagen. Darin finden Sie z. B. Bilder von passenden Motiven für eine Einladung zur italienischen Gartenparty oder von Sitzbänken, Lampions und Windlichtern für eine Einladung zum Sommerfest und unzählige Weihnachtsmotive für den Adventskaffee.

DIE SCHRIFT

Wer die Kunst der Kalligraphie beherrscht, kann Einladungen zu konventionellen Feiern wie Taufe oder Konfirmation in einer besonders schönen, vielleicht sogar mit einem Initial verzierten Schrift herstellen.

Für alle, die diese Kunst nicht beherrschen und ihre Einladung am PC erstellen, gibt es Trost: Nahezu jeder moderne Computer wird inzwischen mit einem umfangreichen Schriftenpaket ausgeliefert. Es enthält in der Regel klassische Schriften (z. B. Bookman, Helvetica, Futura, Garamond, Gill Sans, Palatino, Univers, Walbaum oder Times), die sich insbesondere für eine konventionelle Gestaltung eignen.

Schriften ohne Abschlussstriche an Kopf und Fuß der Buchstaben (so genannte serifenlose Schriften) sind zwar gut lesbar, wirken jedoch etwas nüchtern. Serifen- oder Antiqua-Schriften haben dagegen eine wärmere Ausstrahlung, da sie eher einer Schreibschrift ähneln.

Andere Schriften (z. B. Arnold Böcklin, Copperfield, Charme, Künstler Script oder Peignot) wirken verspielter und passen eher dort, wo man freier und ungezwungener gestalten will.

Ermitteln Sie den optimalen Schriftcharakter für Ihre Einladung, indem Sie denselben Text in verschiedenen Schriftarten und -größen formatieren.

Einladung zum Grillfest

Einladung zum Grillfest

Einladung zum Grillfest

EINLADUNG ZUM GRILLFEST

EINLADUNG ZUM GRILLFEST

Einladung zum Grillfest

Einladung zum Grillfest

Einladung zum Grillfest

Einladung zum Grillfest

Schöne Spiele mit der Schrift

Färben Sie die einzelnen Wörter oder lediglich einzelne Buchstaben unterschiedlich ein. Oder spielen Sie bewusst mit Schriftfarbe und Schrifthintergrund.

Als Faustregel sollte gelten: Nie mehr als drei verschiedene Schriften pro Einladung verwenden! Das Schriftbild wird sonst sehr unruhig.

Zeichnen oder drucken Sie Ihre Einladung auf verschiedenfarbigem Papier aus, um die unterschiedlichen Wirkungen sehen zu können. Schwarze Schrift erscheint auf gelbem, rotem oder grünem Papier hart und kalt, auf beigefarbenem oder rosa Untergrund dagegen weicher und gefälliger.

Weiß auf Schwarz

Hellgrau auf Dunkelgrau

Dunkelgrau auf Hellgrau

Wenn Sie Ihre Einladung am Computer layouten, können Sie den Sättigungsgrad eines Bildes oder Wortes beeinflussen. Verringern Sie beispielsweise den Grauwert eines Wortes um 40 oder 50 Prozent, so werden die Buchstaben abgesoftet und fallen gerade deswegen besonders auf.

Simon Hammans & Anja Schrader

20.1.2005

Wir geben uns das Jawort
am 20.1.2005
in der Pfarrkirche zu Stadt Frechen.

Die kirchliche Trauung findet am Samstag, den 20. Januar 2005 um 14 Uhr in der Pfarrkirche St. Ulrich, Kirchenkamp 16, in Frechen-Buschbell, statt.

DER INHALT IHRER EINLADUNG: DIE BESTEN IDEEN FÜR IHREN TEXT

Der Anlass Ihres Festes ist entscheidend nicht allein für die Gestaltung, sondern auch für den Text Ihrer Einladung. Zum 80. Geburtstag Ihrer Großtante werden Sie nicht »Hallo, liebe Leute« schreiben, zum Klassentreffen nicht »Sehr geehrte Damen und Herren«.

DER FESTLICHE ANLASS LIEFERT TEXTBAUSTEINE

Sperren Sie Augen und Ohren auf: Häufig liefert Ihnen das Motto oder der Ort Ihres Fests die besten Ideen für den Text einer Einladung.

Ein Kindergeburtstag, der zum Beispiel in einem Zoo gefeiert wird, mag als große Eintrittskarte konzipiert werden und textlich Sprechblasen und Ausrufe über Löwen, Bären oder den Spaß auf der Streichelwiese enthalten. Eine Einladung zur »Spanish Night« kann mit »Olé!« beginnen und von »Amigos«, »Don Juan« und »Fandango« reden, mag Torero-Outfit und Rüschenrock als Kleidervorschrift verlangen oder als Musik »Spanish Eyes« ankündigen.

Eine »Neunziger-Jahre-Fete« wird bekannte Songtitel aus dieser Ära aufgreifen und mit »Günter hat euch lieb« (statt »Guildo hat euch lieb«) betitelt sein. Motto: »Let me entertain you« (nach dem gleichnamigen Hit von Robbie Williams), Schlachtruf: »Uh la la la« (nach dem Hit von Alexia), Getränke: »Zehn kleine Jägermeister« (nach dem Hit der Toten Hosen).

In der Vergangenheit stöbern

Einladungen zu runden Geburtstagen oder Jubiläen wie Silberhochzeit und Goldene Hochzeit kann man mit wichtigen Schlagzeilen aus dem Geburtsjahr bzw. dem Jahr der Eheschließung einleiten. Bücher wie »Der große Ploetz«, »Der große Kulturfahrplan«, »Schlüsseldaten 20. Jahrhundert« oder »Chronik des 20. Jahrhunderts« bzw. die »Chronik-Jahrgangsbände« leisten hier wertvolle Hilfe (s. S. 76).

ZITATE, REDENSARTEN, MUNDART EINSETZEN

Legitim ist auch die Verwendung von Redensarten und Zitaten als Motto einer Einladung. Sie können ganz allgemein die Freude am Feiern, aber auch Gedanken zur Ehe oder (etwa bei Geburtstagen) das Älterwerden zum Thema haben.

»Mit 17 hat man noch Träume« oder »60 Jahre und kein bisschen weise« eignen sich ebenso wie Sprichwörter und Bonmots (»Ein Mann wird alt, wenn ihm alle Frauen gefallen!«) bis hin zu Gedichten wie »Jeder soll brav sein,/ so lang er lebt,/aber auch kein Schaf sein,/wenn der Wind günstig steht!«

Einen persönlichen, warmherzigen Charakter bekommt Ihre Einladung, wenn Sie die heimische Mundart verwenden. Eine Einladung zum Frühschoppen kann das Motto »O'zapft is'!« tragen, eine Einladung zum Pop-Konzert das Motto »Haste Töne?«.

WARUM NICHT SELBER DICHTEN?

Ein beliebtes Stilmittel für Einladungskarten sind Sprechblasen mit witzigen Kommentaren oder Sprüchen, die man gezeichneten Figuren (oder fotografierten Personen) in den Mund legt.

Zum Polterabend:

»Erst splittern, dann flittern.«

»Achim, hilf mir mal bei der Porzellanschüssel.«

»Kopf runter, Tiefflieger von links.«

»Nicht das gute Rosenthal!!«

»Du musst mehr aus dem Handgelenk werfen!«

»Fegen bringt Segen.«

Sehr beliebt ist auch die Stilparodie. Eine Feier zum zehnjährigen bestandenen Examen kann den Ton und auch das Schriftbild der Zustellungsurkunde parodieren. Lassen Sie sich von dem Layout und Text der ursprünglichen Urkunde inspirieren und machen Sie etwas Neues, herzzerreißend Komisches daraus!

Wer möchte, kann seine Einladung auch in Reimform verfassen, was sich vor allem bei Kinderfesten anbietet:

Hurra, hurra, es ist so weit,
es wird gefeiert, weit und breit.
Ich lad zum Schneemannsfest bald ein,
auch du sollst bei der Feier sein.
Wir wollen spielen, singen, lachen
und auch sonst noch ganz viel machen.
Ich habe mir manches ausgedacht,
was dir bestimmt viel Freude macht.
Mehr erzähl ich Sonntag um halb drei,
wenn du kommst bei mir vorbei.

FÜR GANZ EILIGE: DIE ONLINE-EINLADUNG

Ihr Fest steht dicht bevor, und Sie haben keine Zeit mehr, selbst eine Einladung zu formulieren? Kein Problem!

Im Internet gibt es unzählige Portale (z. B. www.jokers.de, www.schicknekarte.de, www.kartenhaus.com), die für Geburtstage, Hochzeiten, Muttertag oder Partys passende Grußkarten bereithalten. Sie können diese Vorlagen ohne viel Aufwand zu Einladungen umfunktionieren und an Ihre Gäste versenden. Selbstverständlich können Sie von jedem der Motive auch ein Bildschirmfoto machen und es in einem Grafikprogramm weiter bearbeiten, um daraus eine individuelle Einladungskarte zu machen.

Auch Textvorlagen gibt es im Internet (passende Sprüche oder Gedichte), falls Ihnen einmal die Worte ausgehen sollten.

Sie finden solche Portale, indem Sie Begriffe wie »Grußkarte«, »Ecard« oder »E-Card« in Suchmaschinen wie Alta Vista, Google, Lycos, Fireball, Yahoo u. Ä. eingeben. Wenn Sie auf englisch nach »greeting card« oder auf französisch nach »carte de salutation« suchen, landen Sie auf ausländischen Sites, die oft originellere Angebote als die deutschen Provider bereithalten.

SO VERSCHICKEN SIE IHRE EINLADUNG: ES GEHT AUCH OHNE BRIEFMARKE

Ihre Karte in den Umschlag stecken, Marke drauf und ab in den Briefkasten – so können Sie es natürlich auch machen. Zunehmend aber werden Einladungen auf elektronischem Weg verschickt, und damit macht dieses Buch Sie vertraut.

SMS UND E-MAIL

Dank Handy und Internet ist es inzwischen salonfähig geworden, Einladungen per SMS und E-Mail zu versenden. Beide Medien stehen für die einfachste und beliebteste Art elektronischer Kommunikation und bestimmen inzwischen das Lebensgefühl einer ganzen Generation. Wer »simst« oder mailt, kann eine Botschaft schneller und kostengünstiger übermitteln als auf dem konventionellen Postweg. Zudem lassen sich inzwischen nicht nur bei E-Mails Dateien anhängen, sondern in Form von MMS auch bei Handys, was beispielsweise den Versand einer Einladung, die zuvor als Digitalfoto aufgenommen wurde, kinderleicht macht.

Kann der Absender sicher sein, dass der Adressat sein Gerät betriebsbereit hat und/oder regelmäßig seine Nachrichten abruft, so sind SMS/MMS und E-Mail ideale Medien für Spontaneinladungen.

> Scampis & Baguette?!
> Bist eingeladen
> ins »Rosmarin«.
> 13. März, 20 Uhr!

Willst du dich zu mir kuscheln?
Dich in meine Arme buscheln?
Willst du mich elektrisieren
und mit Küssen tapezieren?
Heute? 20 Uhr? Bei mir?

SMS-Versandfirmen bieten inzwischen eine Vielzahl von monochromen und farbigen Icons (Symbole, Herzen, Münder u. Ä.) an, die zunächst auf das eigene Mobiltelefon heruntergeladen werden und dann weiterverschickt werden können. Mit speziellen Composern können solche Icons auch selber gestaltet und an die jeweilige Einladung angepasst werden.

Wer ein Foto-Handy besitzt, kann z. B. Speisekarten, Restaurants oder Plakate (auf denen Veranstaltungen angekündigt werden) fotografieren und mit einer Textmitteilung als Einladungs-Short-Message kombinieren.

`Liebe Manuela ... bist eingeladen ... Lenny!`

Über Ihren Internet-Provider (zum Beispiel T-Online-Web-SMS) oder den SMS-Service diverser Online-Dienste können Sie solche Kurzeinladungen auch komfortabel (und in Serie) über Ihren Computer verschicken.

TRICKS BEIM MAILEN

Wer Einladungen als E-Mail verschickt, kann dazu die cc-Funktion des Mail-Programms nutzen und seine Botschaft mit nur einem Klick an mehrere Personen schicken. Die E-Mail-Adressen der Adressaten müssen dabei in das Feld cc oder Kopie hintereinander und immer durch ein Komma getrennt eingegeben werden.

Manche Programme erlauben auch das Versenden einer so genannten Blindkopie, bei der jeder Empfänger nur seinen eigenen Namen in der Liste der Adressaten sieht – nicht aber die übrigen Namen, an die Ihre Mail sonst noch ging.

Wenn Sie Ihre Einladung nicht direkt in die Mail schreiben, sondern sie als Anhang (oder Attachment) versenden, sollten Sie darauf achten, dass die Datenmenge der angehängten Datei nicht größer als 150 Kilobyte ist. Es gibt nichts Ärgerlicheres – vor allem für Besitzer eines Analog-Anschlusses – als wenn der Download einer Datei mehrere Minuten dauert. Komprimieren Sie deshalb Ihre Datei vor dem Verschicken und achten Sie bereits im Vorfeld darauf, Bilder und Grafiken möglichst als JPEG (mittlere Qualität) abzuspeichern. Für eine gut lesbare Bildschirmdarstellung genügt eine Auflösung von 72 dpi.

Wenn Sie Ihre Einladung konventionell gestaltet haben, sie aber elektronisch verschicken wollen, müssen Sie sie einscannen, einlesen und als Datei speichern. Wer keinen Scanner besitzt, kann eine Vorlage auch mit einer Digitalkamera fotografieren. Zum Verschicken der E-Mail öffnet man das jeweilige E-Mail-Programm und klickt auf die

Funktion Anlage hinzufügen bzw. Datei anhängen.
Um eine Online-Einladung, die Sie selbst aus dem Internet gezogen haben, zu verschicken, müssen Sie in vorgefertigte Rubriken Empfängername, Empfänger-Mail-Adresse sowie Absendername und die Absender-Mail-Adresse eingeben. Der Adressat erhält dann nach kurzer Zeit vom Karten-Provider eine E-Mail mit einem Link, der direkt zu Ihrer Online-Einladung führt.

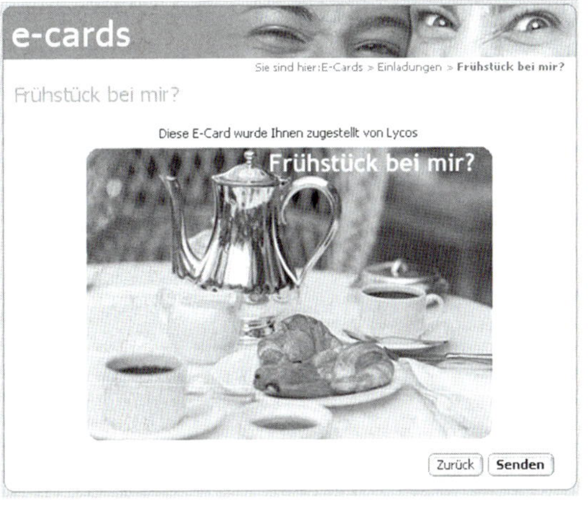

Bei manchen Anbietern von Online-Karten können Sie auch Musikdateien, selbst gesprochene Grüße oder ein Video anhängen. Informieren Sie sich vorab über die maximal erlaubte Dateigröße und über die zugelassenen Dateiformate. In der Regel sind das GIF, JPG, JPEG, MIDI, MP3 oder WAV bzw. für Videos Quicktime oder MPEG2.

EINLADUNG UND PC: IN FÜNF SCHRITTEN ZUM ZIEL

Es ist keine Hexerei! Auch wer bisher seinen PC nur zum Briefeschreiben genutzt hat, kann eine hübsche Einladung gestalten und mit Bildern ausstatten.

Das Textverarbeitungsprogramm Word gehört zur Standardsoftware der meisten Computer. Primär für das Abfassen von Texten entwickelt, hat Microsoft sein Programm im Laufe der Jahre auch mit zahlreichen Features versehen, die es – wie bei einem klassischen Layoutprogramm – ermöglichen, Dokumentgröße, Ränder, Schriften, Farben, Linien etc. frei zu wählen, mit Grafiken und Fotos zu kombinieren und in professioneller Qualität auf einem Tintenstrahl- oder Laserdrucker auszugeben. Zudem lässt sich inzwischen eine fertige Datei auch direkt aus Word als plattformübergreifende PDF-Datei ausgeben und per E-Mail verschicken.

Die wichtigsten Schritte für die Erstellung einer Einladung mit Word werden im Folgenden am Beispiel einer Faltkarte erklärt, auf deren Vorderseite die Headline »Einladung zur Pasta-Fete« stehen soll. Auf die Rückseite kommt eine Anfahrtskizze. Die beiden Seiten des Mittelteils sind für den eigentlichen Einladungstext reserviert.

ERSTER SCHRITT: EINRICHTEN DER DATEI

Um Ihre Datei nicht unnötig aufzublähen (falls Sie Ihre Einladung später per E-Mail versenden möchten), sollten Sie im Menü Seite einrichten das Format DIN-A4 wählen. Um Porto zu sparen (falls Sie Ihre Einladung auf dem Postweg versenden), muss Ihre Einladung in einen Standardbrief passen. Er hat derzeit (Stand: Oktober 2004) ein Höchstgewicht von 20 Gramm und die Mindestmaße von

140 mm (Länge) mal 90 mm (Breite) bzw. die Höchstmaße von 235 mm (Länge) mal 125 mm (Breite) mal 5 mm (Höhe).

Basteln Sie vorab einen Dummy und machen Sie sich die Stellen deutlich, an denen Sie das DIN-A4-Blatt falzen werden. Teilen Sie das Blatt in vier Bereiche und reservieren Sie das untere rechte Viertel für das Deckblatt. Das untere linke Viertel ist für die Anfahrtsskizze.

- Wählen Sie **Datei ¬ Neues leeres Dokument** und anschließend **Ansicht ¬ Lineal,** um die Lineale einzublenden. Schalten Sie mit **Ansicht ¬ Seitenlayout** vom Standardlayout ins Seitenlayout um, um einen Eindruck von der Größe und den Proportionen des späteren Ausdrucks zu bekommen.
- Wählen Sie **Ansicht ¬ Symbolleisten ¬ Zeichnen**, um die Leiste mit den Zeichen- und Farbwerkzeugen zu aktivieren.
- Klicken Sie in das Linienwerkzeug und führen Sie es an den äußersten linken Rand Ihrer Seite (der Mauszeiger verwandelt sich dabei in ein Kreuz). Setzen Sie das Kreuz an den linken Rand der Seite an und ziehen sie es ca. 15 mm nach rechts. Wenn Sie in einen der beiden rechteckigen Anfasser doppelklicken, springt das Linien-Formatierungsfenster auf.
- Klicken Sie auf das Register **Layout**, markieren Sie hier **zentriert** und klicken Sie auf die Schaltfläche **Weitere**, um anschließend die Position der Linie festzulegen. Stellen Sie unter **gemessen von** die Auswahl **Seite** ein und schließen Sie das Fenster mit einem Klick auf **OK.**
- Fügen Sie nach demselben Muster eine weitere Linie am rechten Seitenrand ein sowie eine senkrechte Linie für die Seiteneinteilung, die anschließend horizontal zentriert werden muss.

Wenn Sie nun mit der Hand die waagerechten Linien zu den Papierrändern ziehen, haben Sie die späteren Falzkanten Ihrer Einladung exakt bestimmt.

ZWEITER SCHRITT: GESTALTUNG DES TITELBLATTS

- Das Titelblatt Ihrer Einladungskarte müssen Sie auf dem rechten unteren Viertel anlegen. Es empfiehlt sich, die Zeile »Einladung zur Pasta-Fete« in Sinneinheiten wie »Einladung« und »zur Pasta-Fete« zu teilen, damit sie einzeln bearbeitet und in Schriftgröße oder Farbgebung separat formatiert werden können. Die Schriftzüge lassen sich durch Anklicken verschieben und an jede gewünschte Stelle setzen.
- Klicken Sie in der Zeichnen-Symbolleiste auf das schwarze (!) Textfeldsymbol (repräsentiert durch ein »A« mit senkrechter Linie dahinter) und ziehen Sie anschließend mit gedrückter Maustaste ein Rechteck auf. Wenn Sie die Maus loslassen, legt sich ein Rahmen mit Anfassern um das Textfeld, mit deren Hilfe Sie die Größe des Feldes bestimmen können.
- Tippen Sie »Einladung« in das Feld und formatieren Sie die Textzeile mit Hilfe der **Formatierungspalette zentriert**. Unter Schriftart können Sie nun eine geeignete Schrift wählen und sie in den Stilmerkmalen (Größe, Schriftschnitt, Schattierung etc.) an Ihre Bedürfnisse anpassen. Über die Farbpalette können Sie jedem Buchstaben eine Farbe zuweisen – wenn Sie mögen, auch jedem Buchstaben einzeln.
- Wenn Sie doppelt auf einen der Anfasser klicken, können Sie Ihren Text auch über das **Dialogfeld Textfeld** formatieren und sich durch die diversen Reiter klicken. Beenden Sie nach getaner Arbeit das Dialogfenster mit einem Klick auf **OK.**
- Schreiben Sie auch die beiden anderen Textfragmente in jeweils eigene Textfenster und legen Sie Schriftgröße, Ausrichtung und Farbe nach Ihren Wünschen fest. Achten Sie darauf, dass die Textfelder keine Außenlinie und keine Füllung erhalten.

- Eine versteckte, aber wirklich großartige Formatierungsfunktion enthält Word mit seinem WordArt-Katalog. Darin sind 30 vorgegebene Textformate enthalten, mit denen ein Text u. a. senkrecht, diagonal, wellenförmig, dreidimensional gestaltet werden kann – und das mit nur einem einzigen Mausklick! Über die Formatierungspalette von WordArt können Sie Ihren Text einfärben, die Form der Zeilen variieren, den Zeichenabstand ändern oder eine passende Hintergrundfarbe wählen. Auch das Drehen von Text sowie die Bearbeitung weiterer Elemente (etwa Linien) sind möglich.
- Zum WordArt-Katalog kommen Sie über die Menüs **Einfügen ¬ Bild ¬ WordArt** oder indem Sie in der Zeichnen-Symbolleiste auf das farbige Textfeldsymbol (großes A) klicken.
- Klicken Sie nun eines der Auswahlfenster in WordArt an. Ein Texteditor öffnet sich. Geben Sie Ihren Text dort ein, geben Sie ihm die passende Schrift und die richtige Schriftgröße und bestätigen Sie mit **OK.**

Hat Ihr Text mehrere Zeilen, müssen Sie jede Zeile mit einem Return (Enter-Taste) beenden. Für unser Muster »Einladung zur Pasta-Fete« sähe die mit WordArt bearbeitete Headline folgendermaßen aus:

- Erstellen Sie den restlichen Text Ihrer Einladung (»am Samstag um 21 Uhr«) und betrachten Sie die drei Textelemente kritisch. Stimmen die Abstände? Sind Sie mit der Farbgebung und Schriftgröße zufrieden? Ist die Schrift und der Schriftcharakter o. k.? Klicken Sie in den schwarzen Pfeil (er gilt als »Anfasser«) der Zeichnen-Leiste und korrigieren Sie jedes Textelement durch Verschieben in die richtige Position. Wenn Sie auf ein Element doppelklicken, öffnet sich das Fenster WordArt-Text bearbeiten, und die Formatierungspalette erscheint. Mit deren Hilfe können Sie Korrekturen jeder Art vornehmen.
- Schöne Effekte können Sie auch mit der Designbibliothek von Word erzielen. Wählen Sie **Format ¬ Design** und spielen Sie mit den Möglichkeiten, zwischen unterschiedlichen Schriftcharakteren, Aufzählungsfarben und Hintergrundfarben wählen zu können.

VIERTER SCHRITT: ANFAHRTSSKIZZE INTEGRIEREN

- Um die Anfahrtskizze unserer Mustereinladung in das DIN-A4-Blatt zu integrieren – sie wird in das linke untere Viertel des Blatts eingebaut – müssen Sie zuvor einen Ausschnitt aus einem Stadtplan einscannen und als TIFF- oder JPG-Datei abspeichern. Alternativ können Sie in einem Internet-Routenplaner einen Kartenausschnitt bestimmen und davon ein Bildschirmfoto machen.
- Vielleicht möchten Sie auf dem Kartenausschnitt den Anfahrtsweg zu Ihrer Feier eintragen und dabei bestimmte Symbole (wie Haltestellen) darin einzeichnen. Oder der Kartenausschnitt soll weiter bearbeitet werden, etwa um Größe oder Sättigung zu verändern. Dann sollten Sie die Datei mit einem Grafikprogramm öffnen, die gewünschte Markierungsfarbe wählen und

den Weg, den die Gäste nehmen werden, mit einem Stiftwerkzeug in den Plan zeichnen.

- Speichern Sie Ihre Arbeit als JPG ab und ziehen Sie die Datei durch Drag-und-drop entweder direkt in Ihre Word-Datei, oder importieren Sie sie unter **Einfügen ¬ Bild ¬ Aus Datei**. Alternativ können Sie in der Zeichenleiste von Word das Symbol »Grafik einfügen« wählen und mit dem Cursor die Position bestimmen, wo die Grafik eingefügt werden soll.
- Wenn Sie keine Anfahrtskizze brauchen, aber Ihre Einladung schmücken möchten: Über die Menüs **Einfügen ¬ Bild** können Sie problemlos Fotos und Grafiken, aber auch Clip-Arts aus der Clip Gallery von Word einfügen.

FÜNFTER SCHRITT: INNENTEIL GESTALTEN

- Schreiben Sie nun den Haupttext der Einladung in den Innenteil der Karte. Hierfür stehen die beiden oberen Viertel zur Verfügung. Bedenken Sie, dass der Text durch die spätere Faltung um 180 Grad gedreht werden muss. Die linke Seite der aufgeklappten Karte ist in der Datei das obere rechte Viertel. Um eine Drehung eines Text- oder Bildelements durchzuführen, müssen Sie das Bild markieren, das Symbol Drehen in der Formatierungspalette auswählen und dann den Textkasten oder die Grafik in die gewünschte Richtung bewegen.
- Drucken Sie zu guter Letzt Ihre Einladung mit einem Laser- oder Tintenstrahldrucker aus und falzen Sie das Blatt an den 15 mm breiten Strichmarkierungen.

Diese schönen Feiern haben eine bunte Schar von Gästen aller Altersstufen. Darauf sollten Sie Ihre Einladung abstimmen.

GEBURT

Die Geburt eines Kindes macht aus einem Paar eine Familie. Da Mutter und Kind die ersten Tage nach der Geburt zumeist im Krankenhaus verbringen, ist in der Regel der Vater für die Bekanntgabe des freudigen Ereignisses zuständig. Er wird Eltern, Schwiegereltern und Geschwister die mit Spannung erwartete Nachricht zunächst telefonisch mitteilen. In einem zweiten Schritt erfolgt dann die Geburtsanzeige, die man entweder in der Zeitung aufgibt oder aber eigens drucken lässt. Mit ihr lädt man auch zu einer Feier im Familien- oder Bekanntenkreis ein.

Stellen Sie die kleine Hauptperson in den Mittelpunkt!

Im Zentrum einer solchen Einladung steht der Name des Kindes, der in einer auffälligen und großen Schrift gesetzt werden sollte. Dem freudigen Anlass entsprechend kann man für die Einladung Karton mit zartrosa bzw. hellblauen Pastelltönen wählen. Falten Sie diesen Karton zu einer aufklappbaren Karte und schaffen Sie für die erste Seite der Karte einen markanten Blickfang: ein Foto des Babys, Motive wie Babyschuhe, Schnuller oder Kinderwagen, selbstklebende Schmucketiketten (Schäfchen, Teddybären u. Ä.), einen Fuß- bzw. Handabdruck oder den Namen des Neugeborenen.

Sabine

(auch) Sabina: weiblicher Vorname lateinischen Ursprungs, eigentlich: *die Sabinerin.* Der Name fand im Mittelalter in der christlichen Welt als Heiligenname Verbreitung, vor allem als Name der Märtyrerin *Sabina.* Namenstag: 29. August. Der Name wurde in Deutschland erst im 20. Jahrhundert volkstümlich. Bekannte Namensträgerinnen: *Sabine Schröter* in Gustav Freytags Roman »Soll und Haben«, die Schauspielerinnen *Sabine Bethmann, Sabina Sesselmann, Sabine Sinjen* und *Sabine Christiansen.*

Auch ein Motto kann die erste Seite der Einladungskarte schmücken. Dieses kann von »E Mädche!« bis zu ironischen Sätzen reichen, die auf die neue Situation anspielen:

- Seit dem 21. 2. 20.. haben wir wieder höhere Ausgaben, kürzere Nächte, weniger Freizeit, mehr Sorgen, aber 4280 g und 53 cm mehr Glück!
- Seit dem 29. 5. 20.. hat bei der Tagesschau immer einer die Hose gestrichen voll: Nico!
- 2 : 2 – Papa hat ausgeglichen. Die Verstärkung heißt Jörg!
- So weich ... so warm ... so schön: Melina
- Das Glück hat einen Namen: Ruben
- Wild thing, you make my heart swing: Svea Linden
- Der Storch hat uns mitten in der Nacht einen kleinen Sohn gebracht: Thorben
- Sterne fallen nicht vom Himmel – sie werden geboren: Marina

Die zweite Seite einer Einladungskarte bringt dann konventionelle Formulierungen und Fakten wie die Namen der Eltern und ihre Anschrift. Zu den Standarddaten, die eine solche Einladung enthalten sollte, gehören darüber hinaus das Geburtsdatum und die Uhrzeit der Geburt sowie Größe und Gewicht des Babys. Üblich ist auch die Nennung der Hebamme, des Ärzteteams oder des Krankenhauses, in dem die Mutter entbunden hat.

Am 3. Februar 20.. wurde uns eine kleine Tochter geschenkt: Iris ist süße 50 cm lang und wiegt stolze 3278 kg. Mutter und Kind geht es gut, und auch Papa hat alles überstanden.

Zur Feier unserer kleinen Familie laden wir am 20. Februar 20.. ab 10 Uhr zu einem Brunch bei uns zu Hause ein.

Helena und Ulrich Thieme

Erste Seite einer Faltkarte:

Freitag, 10. April 20..

Erbitterte Kämpfe im Irak – Aufständische nehmen ausländische Geiseln

Daviscup-Team gewinnt dank Nicolas Kiefer und Rainer Schüttler

Terrordrohung stoppt Pariser Metro-Züge

Bilderbuchgeburt in Frechen-Bachem; 28-Jährige wurde zum dritten Mal Mutter

Zweite Seite einer Faltkarte:

Zwölf Tage vor dem errechneten Zeitpunkt und wild entschlossen, diesen verregneten Freitag außerhalb des Mutterleibs zu erleben, überraschte Lennart Pohl am 10. April 20.. seine Geschwister Angelika und Jens.

Weil er pechschwarze Haare hat und braune Augen, gesund ist und wir ihn zum Knuddeln gern haben, feiern wir am 1. Oktober um 18 Uhr bei uns in Bachem eine ausgelassene Kreißsaal-Fete.

Die Taufe ist für alle Konfessionen von großer Bedeutung, da hier das Sakrament der Aufnahme in die christliche Kirche empfangen wird. Die Tauffeier, die sich der Taufhandlung in der Kirche anschließt, wird heute zunehmend im engeren Familienkreis durchgeführt. Eingeladen werden Großeltern, Onkel und Tanten, die Paten und eventuell auch der Priester/Pfarrer, der das Kind getauft hat. Vielfach lädt man auch gute Freunde, Geschäftspartner oder dem Kind nahe stehende Verwandte ein.

Traditionen prägen den Charakter des Festes

Die Gestaltung der Einladungskarte sollte angemessen feierlich sein. Farblich dominiert das traditionelle Rosa oder Hellblau oder auch Silber. Wer auf handelsübliche Einladungen – die in der Regel mit den Symbolen des Kreuzes, der Taufkerze oder des Taufkleides illustriert sind – verzichten will, kann eine selbst gestaltete Einladung mit dem Foto des Täuflings oder mit dem Taufspruch schmücken. Wenn es Ihre Zeit zulässt, machen Sie ein Foto von der Taufkirche oder dem Taufbecken und kleben es auf eine aufklappbare weiße Karte. Das Sekretariat Ihrer Kirche hält auch einen Stempel bereit, der sehr dekorativ ist und ebenfalls als Illustration einer Einladungskarte dienen kann.

Im Einladungstext unerlässlich: der Name des Täuflings sowie die Namen der Eltern. Zusätzlich können die Namen der Paten und des Pfarrers angegeben werden. Darüber hinaus muss aus dem Text hervorgehen, wann und wo die Tauffeier stattfindet. Geben Sie deshalb den Namen und die genaue Adresse der Kirche an sowie das Datum und die Uhrzeit der Taufe. Falls Sie Ihre Gäste anschließend zu sich nach Hause oder in ein Restaurant einladen, darf auch hier die genaue Anschrift nicht fehlen (s. auch S. 14).

Wenn der Kreis der Gäste überschaubar ist, kann man den Text handschriftlich und persönlich verfassen.

Erste Seite einer Faltkarte:

Taufspruch:

*Ich bin getauft! Ich bin erwählet,
hier Gottes Eigentum zu sein.
Ich bin schon denen zugezählet,
die dort sich ihres Heilands freu'n.
Ich darf mit fröhlichem Vertrauen
auf Gottes Gnade sicher bauen.
Hilf mir, o Gott, durch deine Gnade;
nimm niemals deinen Geist von mir,
und gib, dass ich auf deinem Pfade
gottselig und gerecht von dir
stets wandle; so darf ich mich dein,
o Gott, und meiner Taufe freu'n!*

Zweite Seite einer Faltkarte:

Lieber Gerd,

*könnte Lukas schon schreiben, hätte er seinen
Taufspruch selber geschrieben ...*

*SONNTAG, 8. 9. 20.., 11 UHR,
TAUFE IN ST. SEVERIN*

Wir wollen dich zur Taufzeremonie und gleichzeitigem Gemeindegottesdienst einladen und möchten dich bitten, im Anschluss daran an unserer Festtafel in unserem Haus teilzunehmen. Bitte gib uns Nachricht, ob du kommen kannst.

Viele Grüße, Helga und Klaus Janz

KOMMUNION

In der katholischen Kirche bedeutet die Erstkommunion die erste, mit Feierlichkeiten verbundene Teilnahme eines Kindes an der Eucharistie. Sie stiftet die Gemeinschaft mit Christus wie auch mit den anderen Gläubigen.

Da das Fest die Familie im engeren Sinn betrifft, lädt man Großeltern, Taufpaten, den Geistlichen sowie nahe Verwandte ein. Außerdem gute Freunde der Kinder und Personen, die den Lebensweg des Kommunionkindes bisher liebevoll begleitet haben.

Sie können zwischen vielen Symbolen wählen

Die Form der Einladung sollte dem stillen und eher besinnlichen Anlass des Festes entsprechen und kann religiöse Motive wie Kreuz, Taube oder Hostie tragen. Denkbar ist auch, der Einladungskarte ein Heiligenbildchen beizulegen oder es auf die erste Seite einer Faltkarte einzukleben. Der Myrtenkranz, den die Mädchen oft zu ihren weißen Kleidern tragen, ist ein ebenso legitimes Symbol wie die Kerze, mit der Jungen und Mädchen feierlich in die Kirche einziehen.

Wer auf handelsübliche, gedruckte Einladungskarten zurückgreift, sollte dem Standardtext ein paar handschriftliche Zeilen hinzufügen. Das wirkt persönlicher.

Um die Geladenen auf das Fest einzustimmen, kann man der Einladung die Fotokopie eines zum Anlass passenden Textes beigeben. Wer einen PC mit Laserdrucker besitzt, kann einen solchen Text auf Transparentpapier oder Folie ausdrucken und in den Falz einer Klappkarte kleben.

Lieber Dieter,

am Sonntag, dem 8. Mai 20.., wird unsere Tochter die erste heilige Kommunion empfangen. Sie nimmt dadurch nicht nur zum ersten Mal an den heiligen Sakramenten teil, sondern vollzieht auch offiziell die Gemeinschaft mit allen Gläubigen. Zu dieser Gemeinschaft gehört auch deine Familie, weswegen wir dich herzlich zur 11-Uhr-Messe in Nümbrecht einladen. Im Anschluss daran geben wir bei uns zu Hause ein Mittagessen.

Ellen und Helmut Knauber

Tagesadresse: Obere Flurstraße 14, Nümbrecht

Liebe Marianne,

zur Feier der Erstkommunion meines Sohnes Sven möchten wir dich und Thorben bitten, uns am 28. April 20.. um 10 Uhr in die Antoniterkirche in Gelsenkirchen-Buer, Heroldweg 86, zu begleiten. Im Kreise unserer Verwandten möchten wir anschließend bei uns zu Hause einen Empfang mit kaltem Buffet geben.

Angelika und Hermann Bruns

KONFIRMATION

Für Protestanten bedeutet die Konfirmation die Aufnahme der Jugendlichen in die Gemeinde der erwachsenen Christen. Die Konfirmanden haben nun das Recht zur Teilnahme am Abendmahl und können selbst Patenschaften übernehmen. Eingeladen werden zu diesem Fest die engsten Verwandten, die Taufpaten sowie gute Freunde. Zur so genannten Nachfeier am Tag nach der eigentlichen Konfirmation lädt man Nachbarn und sonstige Gratulanten zu einem Abendimbiss ein.

Sie oder Ihr Kind können einladen

Bei der Gestaltung der Einladungskarte sollten Sie eine dem Anlass gebotene Schlichtheit anstreben. Es gibt Kupferstiche in illustrierten Bibelausgaben (etwa von Matthäus Merian oder in der so genannten Luther-Bibel), die sich sehr gut fotokopieren lassen. Wer kalligrafisch geschickt ist, kann seine Einladung an das Schriftbild der Gutenberg-Bibel anlehnen und sie wie eine mittelalterliche Handschrift gestalten – mit schmalen Textspalten, farbigen Initialen und verzierten Randleisten. Schone Effekte lassen sich auch am PC mit Fraktur-Schriften erzielen. Sie geben einem Text den Charakter von Tradition und betonter Feierlichkeit. Zudem lassen sich aus solchen Schriften sehr schöne Initialen gestalten, etwa durch Schattierung oder Negativauszeichnung.

Häufig wird die Einladung vom Konfirmanden oder der Konfirmandin selbst verfasst, die damit noch einmal die durch die Konfirmation gewonnene Selbstständigkeit und die Aufnahme in die Erwachsenengemeinschaft unterstreichen.

Lieber Karl,

am 7. Mai 20.. werde ich in die Gemeinde der erwachsenen Christen aufgenommen. Zum Gottesdienst, zur feierlichen Einsegnung durch Pfarrerin Elke Schmale und zum Abendmahl lade ich dich um 16.30 Uhr in die St.-Magdalenen-Kirche, Efferenweg 54, in Gleuel ein (bitte etwas früher da sein – es wird wegen der vielen Konfirmanden sehr voll!).

Mit meinen Paten und Freunden feiern wir anschließend bei uns zu Hause mit einem kalten Büfett den Tag meiner Konfirmation. Ich freue mich auf dein Kommen!

Dein Reinhard

FIRMUNG

Die Firmung ist das Sakrament des mündigen Christen, das vom Bischof gespendet wird. Der Firmling wird dadurch als vollberechtigtes Mitglied der katholischen Kirche bestätigt. Als Familienfest mit religiösem Charakter lädt man zur Firmung enge Verwandte sowie die Familie des Paten ein.

Anders als bei der Kommunion verlaufen die Feierlichkeiten zur Firmung in einem eher erwachsenen, dem 14- bis 15-jährigen Firmling angemessenen Stil. Dabei ist es denkbar, dass sich die Gäste zu einem Ausflug an einen religiösen Ort entschließen, um dort den besonderen Tag zu verleben.

Die Gestaltung der Karte kann diesen Anlass hervorheben und beispielsweise durch ein Foto oder eine Zeichnung der Wallfahrtsstätte, des Klosters oder der Kirche illustrieren. Vielleicht möchten Sie auch ein Foto vom Firmling und Firmpaten auf die erste Seite einer Faltkarte kleben – als Bezeugung der geistigen Verwandtschaft zwischen beiden. Handelsübliche Karten zeigen zumeist religiöse Symbole, Szenen der Handauflegung oder der Salbung der Stirn mit Öl.

Da nur ein kleiner Kreis eingeladen wird, darf der Text persönlich und mit der Hand geschrieben sein.

Lieber Wilhelm,

am 21. Mai erhält Markus das Sakrament der Firmung. Wir wollen nach dem Gottesdienst in St. Audomar (Beginn 10 Uhr) gemeinsam mit den Paten an die Weser fahren und das Kloster Lippolsberg besuchen, anschließend die Reichsabtei Corvey. Den Abend werden wir im Kreise der Familie bei einem Festessen verbringen.

Für deine Übernachtung ist gesorgt; wir haben ein schönes Zimmer im Hotel Heider für dich gebucht.

Es freuen sich auf dich

Sabine und Rainer Landvogt

Auch wenn das Aufgebot der Verlobten im Dezember 1997 offiziell vom Staat abgeschafft wurde, erfreut sich die Feier einer Verlobung nach wie vor großer Beliebtheit. Sie zeigt an, dass zwei Menschen sich zueinander entschieden haben und bereit sind, in Zukunft die Verantwortung füreinander zu übernehmen.

Gefeiert wird dieses Ereignis mit den Eltern der zukünftigen Brautleute, mit nahe stehenden Verwandten und/oder Freunden.

Wer zeigt an, wer lädt ein?

Wenn auf gesellschaftliche Formen Wert gelegt wird, können Eltern und Kinder die Verlobung gemeinsam auf einer Einladungskarte anzeigen. Das ist vor allem dann der Fall, wenn die »Kinder« noch bei den Eltern leben und diese die Verlobung ausrichten. Jeder kann jedoch das Verlöbnis auch allein anzeigen, was sich besonders dann empfiehlt, wenn Eltern und Verlobte jeweils einen eigenen großen Freundeskreis haben.

Der Haupttext der Einladung kann mit einem kurzen Satz überschrieben werden, der von Zweisamkeit oder Liebe handelt:

- Ob die Liebe ein Glück ist? Jedenfalls ist sie das charmanteste Unglück, das uns zustoßen konnte.
- Liebe ist das Einzige, das nicht weniger wird, wenn wir es verschwenden.
- Das Glück ist das Einzige, das sich verdoppelt, wenn man es teilt.
- Die gemeinsamen Schritte durchs Leben sind nicht leicht. Jeder hört die Musik anders, aber der gemeinsame Tanz ist wunderbar!

Gestalterisch eignen sich für solche Einladungskarten kleine, zum Anlass passende Zitate, ein Foto der beiden Verlobten oder fotokopierte Kupferstiche, Vignetten u. Ä., die sich in älteren Büchern zum Thema Verlobung und Hochzeit leicht finden lassen. Denkbar ist auch, die Ringe mit den eingravierten Vornamen nachzuzeichnen oder die erste Seite einer Faltkarte mit dem Stammbaum des Paares zu schmücken. Darüber hinaus sind Motive der Zweisamkeit (gezeichnetes Paar, ineinander verschränkte Hände, zwei Menschen auf einer Bank u. Ä.) beliebt.

Sehr geehrte Frau Witt,

zur Verlobung unseres Sohnes Jürgen Blochmann mit Frau Carmen Söntgerath veranstalten wir einen kleinen Empfang in unserem Haus, Hornstraße 66, in Bergisch-Gladbach.

Es würde uns freuen, wenn wir Sie am 23. November 20.., um 18 Uhr mit zu unseren Gästen zählen könnten. Werden Sie uns die Freude machen und zusagen?

Ihre Karla und Erich Blochmann

Erste Seite einer Faltkarte:

Wir verloben uns ...

Zweite und dritte Seite einer Faltkarte:
(Sprechblasen, die den Verlobten in den Mund gelegt werden):

Links (Mann):

... weil es nach 4 ½ Jahren noch zwischen uns knistert

... weil wir gern miteinander frühstücken

... weil es zwischen uns nie langweilig wird

... weil wir nie mehr auseinander gehen wollen

Rechts (Frau):

... weil wir uns Geborgenheit geben

... weil wir Stan Getz, Ibrahim Ferrer, Astrud Gilberto und Gloria Estefan mögen

... weil unsere Hände sprechen können, auch wenn unsere Lippen schweigen

... weil wir so unendlich viel voneinander wissen

Vierte Seite einer Faltkarte:

Für unsere Freunde geben wir am Samstag, dem 2. Dezember 20.., um 15 Uhr einen Empfang bei uns zu Hause in der Jahnstraße 224 in Minden.

Verona Sellen und Dieter Richter

Der Polterabend, der zumeist am Wochenende oder am Vorabend der Hochzeit gefeiert wird, ist ein Fest der Freunde, der Nachbarn und Vereinskollegen (nur bedingt der Verwandten), das mit viel Fantasie gefeiert wird. Er lebt von Musik, Tanz und kleinen Aufführungen und unvorhergesehenen Einlagen, vor allem aber vom alten Brauch, Porzellan oder Steingut zu zerschlagen (kein Glas!), dessen Scherben dem zukünftigen Paar Glück bringen sollen.

Taufschein *(schon länger, seufz)* / Fünfeuroschein / Kraftfahrzeugschein / Führerschein *(Klasse 3)* / Darfschein / Anschein/Gewerbeschein *(fehlt)* / Bestellschein / Fünfzigeuroschein *(schon mal öfter)* / Parkschein / Garantieschein *(meist abgelaufen)* / unscheinbar / scheintot *(meist am Sonntagmorgen)* / Teilnahmeschein *(hat sich hoffentlich erledigt)* / Hunderteuroschein *(immer nur kurzfristig)* / Heiligenschein ...

Was fehlt noch?
Der

Trauschein

von Helga Lange & Jochen Gruner

Polterabend? – Logisch!
Am 25.6.20.. in Duisburg
Krefelder Straße 201
ab 19.00 Uhr

Bitte Plastik, Styropor und Papier in die Wertstofftonne!
Ihr wisst schon – nur Scherben bringen Glück.

Wer vermeiden möchte, dass mit den inzwischen üblich gewordenen Styroporabfällen, Papierschnipseln, Toilettenfahnen oder gar Hausmüll gepoltert wird, sollte dies gesondert in der Einladung vermerken (s. S. 55):

- Bitte Plastik, Styropor und Papier in die Wertstofftonne! Ihr wisst schon – nur Scherben bringen Glück.
- Gepoltert wird nach alter Sitte!
  Drum unsere Bitte:
  Lasst Hausmüll, Plastik, Schrott, Papier zurück!
  Nur Scherben weiß man, bringen Glück.

Einladungen zum Polterabend können frei und mit ebenso viel Fantasie gestaltet werden wie die Feier selbst. Man kann z. B. den Einladungstext auf einen Porzellanteller schreiben und ihn gut verpackt an die Gäste verschicken. Ein beliebtes Gestaltungsmittel für die Konzeption der Einladung sind auch Scherben: Sie können sie zweifarbig zeichnen und damit Symbole wie Herzen oder Ringe formen (oder ein solches Arrangement aus echten Scherben legen und fotografieren). Oder Sie zeichnen Scherben als Zierleisten oder Vignetten oder entwickeln ein eigenes Scherbenalphabet, aus dem Sie den Einladungstext Wort für Wort schreiben.

HOCHZEIT

Das Fest der Eheschließung ist ein Höhepunkt im Leben jedes Menschen. Sie feiern es nach standesamtlicher Eheschließung und ggf. nach der kirchlichen Trauung.

Eingeladen wird rechtzeitig zum bevorstehenden Fest, entweder von den Eltern (wenn Braut oder Bräutigam noch keine eigene Wohnung haben) oder von Eltern und Kindern oder auch – bei sehr unterschiedlichem und sich nicht überschneidendem Freundes- und Bekanntenkreis

– von Eltern und Brautpaar getrennt. Mit der Anzeige der Eheschließung kann bereits eine Einladung ausgesprochen werden, beispielsweise durch Angabe von Ort und Zeitpunkt der standesamtlichen/kirchlichen Trauung oder durch einen besonderen Hinweis auf einen anschließenden Empfang oder ein Essen.

Das größte Familienfest

Dem herausragenden Stellenwert des Hochzeitsfests entsprechen in der Regel besonders stilvolle und schön gestaltete Einladungskarten. Druckereien halten inzwischen Musterbücher mit Kartenkollektionen diverser Firmen bereit. Bei der Auswahl sollte man sich jedoch unbedingt beraten lassen, denn nicht nur die Form und Größe der Karten spielen eine Rolle, sondern auch Schriftarten und Papiersorten (von feinem Karton bis zum Büttenpapier) gibt es in verschiedenen Ausführungen.

Wer auf eine edle Form Wert legt und im Rahmen bestehender Konventionen bleiben will, sollte sich für einen klassischen Text entscheiden.

Wer seine Einladungen selbst gestaltet, braucht zunächst ein grafisches Motiv, das auf den Inhalt der Hochzeit anspielt. Zu den beliebtesten grafischen Lösungen gehören Motive wie Trauringe, Herzen, Kutschen, gefüllte Sektgläser, Brautstrauß (s. auch S. 21) sowie Illustrationen, die um das Motiv Paar und Zweisamkeit kreisen.

Wer die Heiratsanzeigen von Tageszeitungen studiert, findet hier manch gute Idee. Aber auch Clip-Art-Sammlungen und Freeware-Datenbanken im Internet (s. S. 22) geben schnell und hinreichend Inspiration.

Sehr persönlich wirken Fotos des Brautpaares, die Sie auf die erste Seite einer Faltkarte kopieren oder auch einkleben und mit einem gezeichneten Rahmen umgeben. Geeignet sind Motive aus der Phase des Kennenlernens und der ersten Verliebtheit oder auch ganz aktuelle Bilder. Lassen Sie sich als Paar in originellen Posen fotografieren oder machen Sie gegenseitig eine Serie von Aufnahmen voneinander – am besten mit einer Digitalkamera, bei der Sie sofort die Ergebnisse anschauen können! Wer versiert im Umgang mit dem Computer ist, kann solche Fotos später absoften (d. h. mit einem Grauwert von nur 30 oder 40 Prozent ausgeben). Über solche Scans stellen Sie dann den Text in 100 Prozent Schwarz und erzielen einen schönen Effekt.

Wer originelle und spleenige Lösungen anstrebt, kann beispielsweise die Firmenlogos der Autos beider Brautleute abbilden und sie miteinander verzahnen wie Ringe.

Stammt das Paar aus verschiedenen Bundesländern, können Sie die Umrisse dieser Länder zeichnen und sich an den Grenzen berühren lassen. Ähnliches gilt, wenn zwei Menschen verschiedener Nationalitäten heiraten.

Wir heiraten!

Berthold Schick & Karina Telle

Am 8.8.20.. um 15.00 Uhr
in der Pfarrkirche St. Sebastian
Obermarktstr. 5
50170 Kerpen

Dieselstr. 22, 50170 Kerpen, Tel. 02273/985623

Eine andere Möglichkeit: Um jeweils einen Fingerabdruck der Brautleute herum werden Figuren und Gegenstände gezeichnet, die auf die bevorzugte Sportart des Paares verweisen.

Wer Humor hat, kann den (gezeichneten) Gästen einer Einladungskarte Sprechblasen mit witzigen Kommentaren über Zweisamkeit und Ehe in den Mund legen (»Die größten Freaks werden die größten Spießer sein«, »Schon wieder ein Single weniger, seufz!« u. Ä.).

Eine textliche Entsprechung zum grafischen Motiv ist das Motto oder Zitat. Man kann den Haupttext oder die Standardformel »Wir heiraten« mit kurzen Sätzen einleiten, wie beispielsweise:

- *Ein Traum wird Wirklichkeit.*
- *Einzeln sind wir Worte, zusammen ein Gedicht.*
- *Et duren woll en lange Tied ... doch endlich sin mer nu so wiet!*
- *Weil wir uns sicher sind ...*
- *Auf vielfachen Wunsch und doch aus eigenem Willen ...*
- *Wir mussten nicht. Wir brauchten nicht. Wir wollten ganz einfach.*

Ein Mensch für sich allein ist nichts.
Zwei Menschen, die zusammengehören, sind eine Welt.

Jutta und Hubert Bergmoser

empfangen das heilige Sakrament der Ehe am Samstag, dem 25. Juli 20.. um 14 Uhr in der St. Stephankirche in Aachen.

Durch Herrn Pastor Dreesen wird unser Jawort besiegelt.

Die Hochzeitsfeier findet anschließend im Hotel Prinzenhof, Ferdinand-Miller-Platz 10, statt.

Ich heirate …

… eine Familie

axel heiratet im einzelnen…

♀ elvira
♂ mark
♂ jörg
♂ henning
ergibt …

die familie lichtenberg-burbaum

PFLICHT:
STANDESAMT HAMM
AM 14. JUNI 20..,
UM 11.00 UHR

KÜR:
KIRCHE ST. VINCENT
AM 17. JUNI 20..,
UM 15.45 UHR

POLTERABEND:
10. JUNI 20.. AB 19.00 UHR, DIESELSTR. 14
HAMM/INDUSTRIEGEBIET

Acht Jahre Probezeit sind genug!

Wir heiraten

Karina Thomas

Bernhard Taschen

Die standesamtliche Trauung ist am Freitag, dem 8. Oktober 20.., um 11 Uhr auf dem Standesamt in Essen-Kettwig, Volksgartenstraße 18.

Zur gemütlichen Hochzeitsfete laden wir euch am Sonntag, dem 10. Oktober 20.. ab 11.30 Uhr ins Kettwiger Café du Pont, Lanstroper Str. 2, herzlich ein.

Wir bitten euch, keine Sachgeschenke mitzubringen. Stattdessen gute Laune.

Bei Verhinderung bitten wir um Rückruf bis 2. Oktober 20.. Telefon: 0 23 07/3 20 10

SILBERHOCHZEIT

Die Silberhochzeit, die nach 25 Jahren gefeiert wird, gehört zu den großen, festlichen Ehejubiläen. Sie dokumentiert, dass zwei Menschen nach einem Vierteljahrhundert auf einen gemeinsamen Weg zurückblicken können und dass sie – was nicht selbstverständlich ist – nach so vielen Jahren noch zusammen sind.

Ein festlicher Rahmen gehört dazu

Die Silberhochzeit wird entweder vom Jubelpaar oder von den Kindern ausgerichtet; sie sollte frühzeitig angekündigt werden. Entsprechende Einladungskarten kann man in Druckereien auswählen oder selber gestalten.

Als grafisches Element wird die Zahl 25 im Mittelpunkt stehen oder ein Bild des Paares aus der Zeit, in der beide noch Schmetterlinge im Bauch hatten. In Sepia wirkt dies besonders edel; auch silberne Kränze oder ein gezeichneter Myrtenstrauß sind angemessen. Wer mit seiner Einladung bereits auf den Anlass einstimmen möchte, kann der Einladung getrocknete Rosenblätter beilegen oder das Papier mit kleinen Strasssteinen bekleben.

Denkbar ist auch eine Kopie der Eheurkunde aus dem Stammbuch oder eine Kopie der Hochzeitsanzeige, die man in die Faltkarte klebt. Wird der Text mit der Hand geschrieben, kann man dies mit speziellen Faserschreibern tun, die eine silberne Tusche enthalten.

Der Einladung sollte unbedingt eine Antwortkarte beiliegen, auf der es auch die Möglichkeit einer Hotelreservierung gibt. Da als Gäste einer Silberhochzeit Verwandte, gute Freunde und auch Nachbarn in Frage kommen, reicht das Spektrum der Stilformen von kurzen, sachlichen Einladungen bis zu privaten, persönlich gehaltenen Zeilen.

Am 9. November 1980 saßen

&

frierend im

auf dem Parkstreifen

Am Krausen Bäumchen

und küssten sich dort

um 19.20 Uhr

zum ersten Mal.

Ein Vierteljahrhundert später

können es

&

noch immer nicht lassen.

Zur Feier von Glut & Leidenschaft

laden wir ein zu einem

Fest der Liebe

am 9. November 2005

ab 19.20 Uhr.

Wir spielen Musik von Abba,

Smokie und Elton John.

Wo?

Bei Julia & Lennart

Albertstr. 3 · 50259 Pulheim · 0 22 34/6 64 51

Bitte sagt bis 1.10.2005 Bescheid, ob ihr kommt!

Erste Seite einer Faltkarte:

Einladung zu unserer Silberhochzeit

Zweite und dritte Seite einer Faltkarte:

Am 21. August 20.. möchten wir mit allen lieben Verwandten und Freunden unsere Silberhochzeit feiern. Hierzu laden wir herzlichst ins Hotel Bossen in Kassel, Beethovenplatz 18, ein.

Die Feier soll um 15 Uhr mit einer Kaffeetafel beginnen und über ein Abendessen gegen 19.30 Uhr so lange fortgesetzt werden, wie Lust und Laune es erlauben.

Margarethe und Erich Heupts

oder beispielhaft:

Liebe Dorothea,

als unsere langjährige Nachbarin möchten wir Sie anlässlich unserer Silberhochzeit am 12. Mai 20.. zu einem Sektfrühstück einladen. Wir würden uns freuen, Sie zwischen 11.00 und 13.00 Uhr im Hotel Reuter, Schöne Aussicht 41, in Wiesbaden begrüßen zu dürfen.

Hildegard und Werner Keuschgen

Liebe Christiane, lieber Rolf,

auch wenn ihr die ersten vier Jahre unserer Ehe nur aus Erzählungen kennt, habt ihr doch die folgenden 21 Jahre sehr lebhaft, sehr oft und bisweilen sehr intensiv miterlebt.

Wenn wir nun am 29. Juni unsere Silberhochzeit feiern, wollen wir das sehr wohl in dem Bewusstsein tun, dass es funktioniert hat, sich so lange zu vertragen.

Euch, deren Weg dem unseren so ähnlich war, wollen wir an diesem Tag ins Hotel Görlich einladen, wo wir ab 19 Uhr mit Freunden und Verwandten ein rauschendes Fest feiern.

Trixi und Steffen

GOLDENE HOCHZEIT

Die goldene Hochzeit, die man nach fünf Ehejahrzehnten feiert, ist ein Fest, das nur wenigen Paaren vergönnt ist. Aufgrund des hohen Alters der Jubilare sollte es von der Familie geplant und ausgerichtet werden.

Freude und Dankbarkeit

Für die grafische Gestaltung der Einladungskarte gelten dieselben Empfehlungen wie bei der Silberhochzeit, nur dass diesmal die Zahl 50 und eine gediegenere, von Gold getragene Gestaltung vorherrscht. Bei aller Originalität, die möglich ist, sollte man wegen des Alters der Jubilare (und Gäste) eine eher klassische Gestaltung und einen konservativen Text wählen. Gleichwohl ist es erlaubt, einer Einladung persönliche Worte voranzustellen.

Wer keine Mühen scheut, kann eine Kopie der Hochzeitszeitung des Jubelpaares besorgen, diese verkleinert reproduzieren und auf die erste Seite einer Faltkarte kleben. Auf Seite zwei könnte der Satz stehen: »Wer hätte gedacht, dass dieser Tag so folgenreich sein könnte?«

Sehr geehrter Herr Steins,

am 17. August 20.. feiern wir unsere goldene Hochzeit. In einem Menschenleben sind diese 50 Jahre schon viel, in einem Ehebund bedeuten sie jedoch alles und geben Zeugnis ab von fünf Jahrzehnten Treue und gegenseitigem Verständnis.

Wir möchten diesen Tag zum Anlass nehmen, um mit Verwandten und Freunden zu feiern, und laden dazu herzlich um 20 Uhr in die Historischen Stuben am Decksteiner Weiher, Aachener Straße 66, in Monschau ein.

Im Hotel Meynen haben wir Zimmer für unsere auswärtigen Gäste reserviert.

Max und Marie Wunderlich

Liebe Margit, lieber Bernd.

Pfingsten 1955 wurden wir in der katholischen Heinrichskirche in Kiel getraut – dem einzigen Gotteshaus der Stadt, das von den Bomben des Krieges unversehrt geblieben war. Um uns herum noch zerstörte Straßenzüge und Trümmerlandschaften, die den Beginn unserer Ehe nicht leicht machten.

Gemeinsam haben wir jedoch die Steine aus dem Weg geräumt, und auch später war der eine die Stütze des anderen. Mit Liebe haben wir uns den Hindernissen gestellt, und mit Liebe haben wir sie überwunden.

Am 7. Mai 2005 jährt sich zum 50. Mal der Tag unserer Eheschließung. Wir wollen dazu um 10 Uhr in die Kirche St. Paul, Berrenrather Straße 14, einladen, wo wir uns erneut das Ehesakrament spenden werden. Anschließend möchten wir im Kreise der Familie und Freunde den Tag in der Ausflugsgaststätte Flora ausklingen lassen.

Auf euer Kommen freuen sich

Elvira und Albert Schröter

Hier richtet sich Ihre Einladung oft an einen größeren Kreis: Freunde, Bekannte und Kollegen. Sie alle sollen sich auf eine fröhliche, meist unkomplizierte Feier freuen.

KINDERGEBURTSTAG

Ein Kindergeburtstag ist das aufregendste Fest im Jahreslauf eines Kindes. Es wird an diesem Tag nicht nur beschenkt und beglückwünscht, sondern steht auch über mehrere Stunden im Mittelpunkt einer Feier, zu der Eltern meist Freunde des Kindes und/oder nahe stehende Verwandte einladen.

Wie man einen solchen Geburtstag gestaltet, wie lange man seine Dauer ansetzt und wie viele Kinder man dazu einlädt, hängt vom Alter der Kinder ab. Drei- bis Fünfjährige mögen Geschicklichkeitsspiele und Wettbewerbe in Gruppen von vier bis acht Kindern. Fünf- bis Siebenjährige haben Spaß an komplexeren Spielen, bei denen bestimmte Regeln zu beachten sind oder ein besonderer Schwierigkeitsgrad sie herausfordert (beispielsweise Sprach-, Karten-, Wett- und Ballspiele, aber auch Zaubervorführungen). Kinder zwischen sieben und neun Jahren sind bereits für Feiern außer Haus (Kino, Kletterhalle, Zoo, Kegelbahn u. Ä.) zu begeistern – oder auch für Feste, die unter einem bestimmten Motto stehen. Gäste sind dabei nicht mehr nur Nachbarskinder, sondern auch Schulfreunde und Freunde aus Vereinen.

Das Spektrum solcher Mottofeste reicht über Astronautenfeste, Käferfeste, Zoofeste und Monsterpartys bis hin zur Schatzsuche und zum klassischen Detektivgeburtstag. Kleine Zeichnungen, die das Motto treffend illustrieren – beispielsweise Zauberhüte, Zauberstäbe und Sterne für ein Zauberfest, Clownsgesichter, Seifenblasen und turnende Artisten für ein Zirkusfest oder Affen, Papageien und Löwen für einen Geburtstag im Zoo –, können zwischen oder neben den Einladungstext gesetzt werden.

Als weitere Mottofeste sind denkbar:

- **Astronautenfest**
  Zu diesem Verkleidungsfest sind auch »Marsmenschen« eingeladen. Es gibt dort »Astronautennahrung« und Flugübungen mit abschießbaren Spielzeugraketen, die an Fallschirmen zur Erde zurückfliegen (in Spielzeugläden erhältlich).
- **Fastnacht**
  Feiern Sie Karneval mitten im Sommer oder Winter und lassen Sie die Kinder in Kostümen durch die Nachbarschaft ziehen. Basteln Sie aus einem alten Kinderwagen einen Umzugswagen und lassen Sie die Kinder nach Herzenslust Konfetti werfen.
- **Halloween-Party**
  Gänsehaut garantiert – ob als Kürbisfest oder schaurige Gruselparty in Gespenster- und Skelettverkleidung. Dekorieren Sie in Schwarz-Orange, und ser-vieren Sie den Kindern ein »Mitternachtsbüfett« zwischen flackernden Kerzen.
- **Käferfest**
  Bei diesem Verkleidungsfest sind auch Schmetterlinge und Spinnen gern gesehen. Mit Spielen wie Libellenkönigin, Bienenstaffel und Raupenwettrennen.
- **Lichterfest**
  Ein Fest für die dunkle Jahreszeit, bei dem Lampions, Laternen, Kerzen, Masken und Hohlkörper gemeinsam gebastelt werden. Bei Einbruch der Dämmerung kommt alles zum Leuchten.

- **Märchenfest**
Hier dominiert die originelle Verkleidung der Kinder. In Geschichten, Sketchen und Audiosequenzen (Kassette, CD) können bekannte und unbekannte Märchengestalten lebendig werden.

- **Monsterparty**
Jedes Kind wird mit Schminkfarbe angemalt und darf sich mit entsprechenden Utensilien verkleiden. Man isst Monsterkuchen, zieht Gruselgrimassen und erzählt sich Monstergeschichten.

- **Piratenparty**
Man feiert auf einem Abenteuerspielplatz, dessen Bauten als Holzschiff und Mastbäume »zweckentfremdet« werden. Die Kinder verkleiden sich als Piraten (mit Augenklappe), Matrosen und Kapitän und spielen Edelsteinsuche, Goldmünzenschleudern oder Kanonenfänger.

- **Puzzlefest**
Ein Mottofest, bei dem es ruhig, aber spannend zugeht. Vor allem geeignet für eine Indoor-Feier. Die Puzzles können von den Kindern selber hergestellt werden (mit einer Digitalkamera aufgenommene Motive werden ausgedruckt, auf Karton geklebt und in – je nach Alter der Kinder kleine oder größere – Puzzleteile geschnitten).

- **Sternenfest**
Ein Fest, das sich um Sonne, Mond und Planeten dreht. Mit viel Gekicher machen die Kinder sich klar, wie der Mond sich um die Erde und die sich gleichzeitig um die Sonne dreht. Passend zum Motto gibt es eine Sternchensuppe, Sternenplätzchen und Mondkuchen. Abends sieht man gemeinsam in den Sternenhimmel.

Ihr Kind lädt ein

Einladungen zu Kindergeburstagen unterliegen keiner Konvention und können so bunt und schrill sein wie das Fest, das Sie planen. Das Spektrum reicht dabei von Karten, die mit passenden Motiven beklebt oder bemalt werden, über ausgeschnittene Figuren und aufklappbare Karten bis hin zu 3-D-Objekten: einer Flaschenpost etwa oder einem gebastelten Floß, auf dessen Segel die Einladung geschrieben wird.

Versuchen Sie, Ihr Kind bei der Planung des Fests wie auch bei der Gestaltung der Einladung so früh wie möglich miteinzubeziehen. Je mehr Ihr Sprössling daran beteiligt ist, umso authentischer wirken die Ideen.

Ein vierjähriges Kind mag noch nicht schreiben können, aber es wird großen Gefallen daran finden, eine Zeichnung bunt auszumalen, seinen Daumen- oder Handabdruck auf Papier zu stempeln oder Karton an einer bestimmten Faltlinie zu falzen.

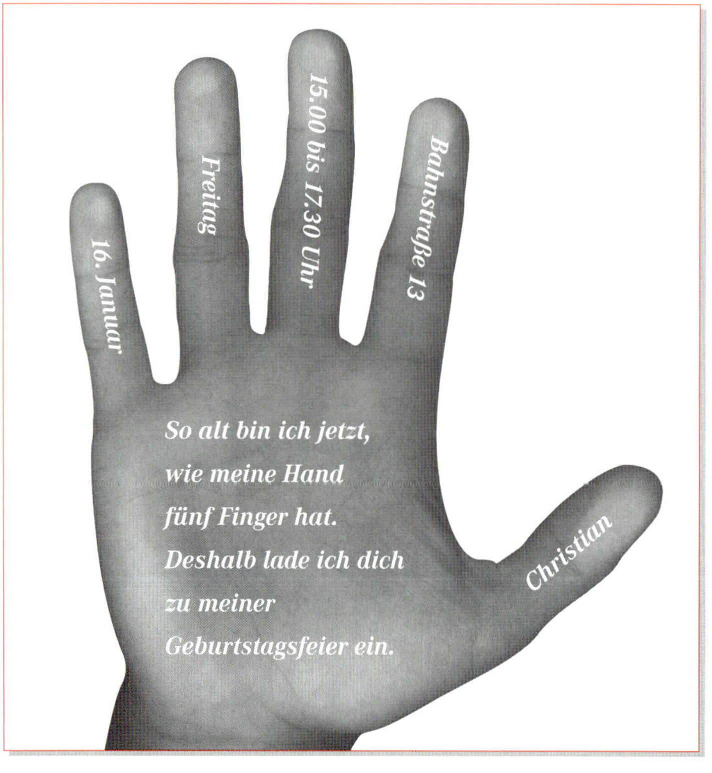

Ältere Kinder können einen Text beispielsweise selbstständig in Geheimschrift abfassen, die Stationen einer Fahrradrallye skizzieren oder am Computer die Siegerurkunde für ein Kindersportfest gestalten.

Wichtig: Informationen für Eltern

Die Grundregeln von S. 9 – 12 gelten natürlich auch für Ihre Einladung zum Kindergeburtstag, aber es kommen noch einige hinzu.

Geben Sie das genaue Datum und die Uhrzeit an, wann der Kindergeburtstag beginnt – und endet. Legen Sie Ihrer Einladung Adresse, Anfahrtskizze und Ihre Handynummer bei, wenn der Ort der Feier von Ihrer Wohnungsanschrift abweicht, etwa bei einer Feier im Freibad oder im Zoo. Klären Sie in einem solchen Fall, ob Fahrgemeinschaften gebildet werden sollen oder ob Sie Hilfe von anderen Elternteilen für die Betreuung der Kinder am Zielort benötigen.

Wenn Sie Ihre Feier mit Pizza, Pommes frites, Hamburgern oder mit einem Nudelgericht ausklingen lassen wollen, sollten Sie sich vorher nach den Vorlieben der jungen Gäste erkundigen: Manche Kinder sind Allergiker oder haben eine Abneigung gegen bestimmte Lebensmittel. Auch sehen es nicht alle Eltern gern, wenn man ihre Kinder zum Abschluss einer Feier in ein Fast-Food-Restaurant zu einem »Maxi-Menü« oder einem kalorienhaltigen Big Mac mit 0,5 Liter Cola einlädt.

Das Motto liefert Ideen

Die Gestaltung einer Einladung orientiert sich in der Regel am Motto, unter dem der Geburtstag steht.

Für eine Halloween-Party kann der Umriss einer grinsenden Kürbisfratze auf orangefarbenes Tonpapier gezeichnet werden. Nase und Augen schneiden Sie in Dreiecksform aus, und aus dem Mund lassen Sie eine eingerollte Papierzunge heraushängen, auf die Sie den Einladungstext geschrieben haben.

Für eine Piratenparty können Sie eine 0,5 Liter große Limonadenflasche mit etwas Sand füllen und als Einladung ein Papierstück unregelmäßig zurechtschneiden. Reiben Sie es mit einem feuchten Teebeutel ein, um dekorative Schattierungen zu erzielen. Wenn das Papier getrocknet und beschrieben ist, können Sie es einrollen, mit Paketband umwickeln und in die Limonadenflasche stecken – fertig ist die Flaschenpost!

Für ein Tierfest können Sie die Umrisse eines Bären mit Gesicht auf braunen Karton zeichnen und ausschneiden. Kleben Sie – aus rotem oder orangefarbenem Karton – Nase und Bauchtasche (oben offen lassen) auf den Körper des Bären. Die Einladung stecken Sie dann als Miniaturbrief in die Bauchtasche.

Schön für Vorschulkinder!

Pusten Sie einen Luftballon maximal auf und schreiben Sie darauf mit Filzstift den Einladungstext. Lassen Sie anschließend die Luft wieder heraus und verschicken Sie den geschrumpften Ballon als Einladung.

Zerschneiden Sie Ihre Einladung in acht, zehn oder mehr Teile und versenden Sie sie als Puzzle, das von den Gästen zusammengesetzt werden muss. Schneiden Sie für eine Kinder-Grillparty aus einem hellbraunen Blatt Tonpapier zwei »Brötchenhälften«, zeichnen Sie auf der Oberseite zwei Wellenlinien, um dem Brötchen einen Deckel zu geben. Auf dunkelbraunes Tonpapier wird nun eine Wurst gezeichnet, ausgeschnitten und in das aufgeklebte Brötchen geklebt. Schreiben Sie den Einladungstext so auf die Wurst, dass man ihn erst lesen kann, wenn man das »Brötchen« aufklappt.

Zur Feier eines 6. Geburtstags basteln Sie einen Würfel und zeichnen auf jeweils zwei gegenüberliegende Würfelseiten die Würfel-Sechs und die Ziffern-Sechs. Auf die letzten beiden Würfelseiten kopieren Sie ein Foto Ihres Kindes und legen die Einladung ins Innere. Natürlich können Sie auch die Einladung oder einen anderen kurzen Text außen auf den Würfel schreiben und ein kleines Geschenk ins Innere legen.

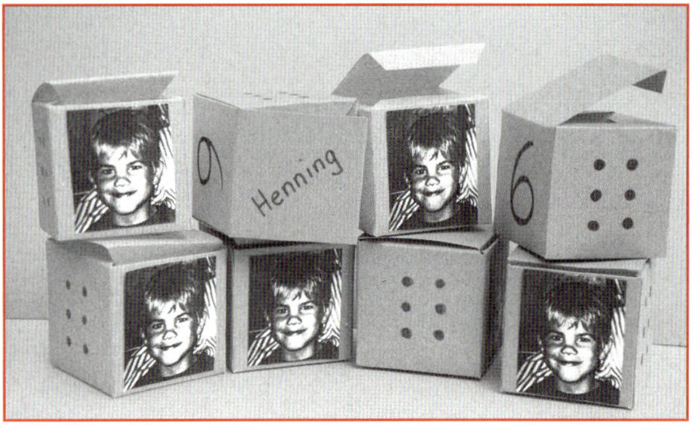

Kleinigkeiten erhöhen die Vorfreude

Überraschen Sie Ihre Adressaten mit kleinen Gimmicks, die Sie der Einladung beilegen.

Ein Marienkäfer aus Schokolade stimmt auf das Tierfest ein, ein Tütchen Ketchup auf ein Grillfest, ein Dechiffriercode oder eine Lupe auf einen Detektivgeburtstag, der Teil einer Karte auf die Schatzsuche. Konfetti oder Bonbons als Wurfmaterial passen zum Faschingsgeburtstag, ein Teelicht zum Lichterfest. Auch Eintrittskarten (etwa für den Besuch einer Kletterhalle), Bons (für Popcorn und Cola im Kino) oder Lose (falls Sie eine Tombola planen) geben einer Einladung das gewisse Etwas.

Liebe Frau Knabe,

Ihre Tochter Sönke und meine kleine Barbara haben in den letzten Wochen oft und gern miteinander im Kindergarten gespielt. Wie sehr die beiden sich mögen, zeigt auch, dass Sönke ganz oben auf der Gästeliste stand, die wir am Wochenende für Barbaras Geburtstag am 7. Januar aufgestellt haben.

Darf ich Sie beide zu unserem kleinen Fest in der Norbertstr. 1 einladen (es beginnt um 15 Uhr)? Vielleicht werden auch wir Mütter uns dabei ein wenig besser kennen lernen. Ich würde mich freuen!

Ihre Katrin Glinka

Einladung zur Monsterparty

Lieber Holger,

am 30. November feiere ich mit allen Monstern dieser Stadt meinen Geburtstag und möchte dich dazu gern einladen. Damit die Gespenster sich heimisch fühlen, stehen Kleidung und ein erfahrener Maskenbildner mit seinen Schminkutensilien bereit – zieh also bitte nicht deine neueste Hose an! Es gibt Monsterkuchen mit ganz viel Sahne und hinterher Monstergeschichten und einen Gruselgrimassen-Wettbewerb. Das geheime Treffen der Nächtlichen findet um 15 Uhr in der Ringstraße 4 statt.

Dein Lukas

Einladung zum Karneval

Liebe Petra,

am 14. Februar werde ich 13 – höchste Zeit für ein eigenes Fastnachtsfest. Zu diesem Festtag lade ich alle Schönen und alle Biester ein und hoffe, dass du dich dazu zählst. Das beste selbst gebastelte Kostüm wird prämiert, und du bekommst Gelegenheit, es beim Umzug auch der Nachbarschaft vorzuführen und dabei nach Herzenslust Konfetti und Luftschlangen zu werfen.

Ich erwarte dich um 17 Uhr am Schlossplatz 12.

Sandra

Einladung zum Zoofest

Herzlich willkommen im »Schmitt & Meier-Zoo«. Der Zoo öffnet seine Tore am 15. Juni um 15 Uhr in der Voßstraße 5. Du, liebe Steffi, bist eingeladen, dort ein Zootier deiner Wahl darzustellen – vielleicht als Löwe, Pinguin, Affe oder Haselmaus! Außer dir werden Sascha, Anne, Marie, Jan und Simon da sein; vielleicht willst du mit ihnen eine Herde oder ein Rudel bilden? Verkleide dich bitte als »dein Tier« und bring gute Laune mit.

Ich freue mich auf euch alle!

Ben

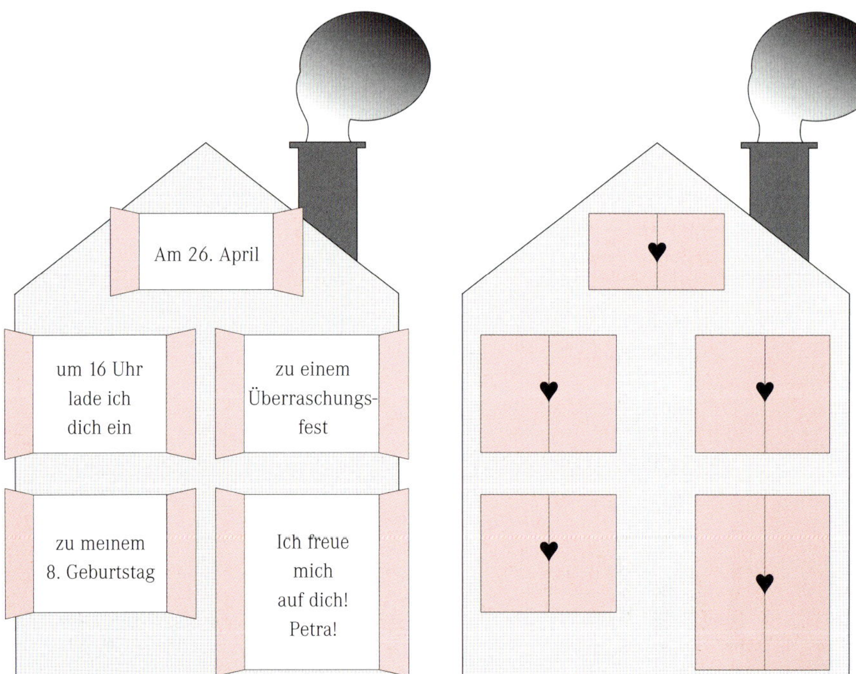

Der Geburtstag ist das am häufigsten gefeierte Fest im Laufe eines Lebens und wird vor allem bei runden Geburtstagen (30, 40, 50 usw.) besonders fantasievoll ausgerichtet. Bei einer Feier im kleinen Kreis laden Sie die Familie, Verwandte sowie ausgewählte Freunde ein. Feiern Sie im größeren Rahmen, werden neben Freunden und Bekannten auch Arbeitskollegen, Geschäftspartner, Vereinskameraden oder Nachbarn angesprochen.

Bei Feiern, die im kleinen vertrauten Kreis stattfinden, wird man eine Einladung ungezwungener konzipieren als bei einem höheren Geburtstag (ab 50), dessen Text und Gestaltung man in der Regel offizieller und gediegener hält. Dies gilt vor allem für den so genannten Office Birthday, der zusammen mit Kollegen und/oder Vorgesetzten in einer Firma gefeiert wird.

Eine Ziffer im Mittelpunkt

Auf grafischer Ebene können Sie die Zahl der erreichten Lebensjahre ins Zentrum Ihrer Geburtstagseinladung stellen und dazu eine Ziffer in besonders schöner Schrift wählen. Wenn Sie Ihre Einladung mit dem PC gestalten, können Sie über die Formatierungspalette von Word (¬ Ansicht ¬ Formatierungspalette) nicht allein die Schriftart und -größe wählen, sondern die Ziffer auch mit einem Schatten versehen oder ihr bzw. dem Schatten eine bestimmte Füllfarbe zuweisen (s. S. 36).

Stellen Sie die Ziffer in einen passenden Rahmen (Ranken, Girlanden, Lorbeerkranz u. Ä.), den Sie mit der Hand zeichnen oder aus Büchern fotokopieren (s. S. 23).

Persönliche Gestaltung

Alternativ können Sie ein Verkehrszeichen (beispielsweise »Höchstgeschwindigkeit 30« oder »... 50«, s.S. 79) in den Mittelpunkt Ihrer Geburtstagseinladung stellen und mit einem witzigen Slogan wie »Trau keinem über 30« versehen. Auch Wortspiele mit Zahlen wie »Welcome on the wrong side of the forties« oder »Spielend habe ich 50 Runden geschafft« fallen sofort ins Auge.

Besonders bei hohen runden Geburtstagen kann man auch ein Kinder- oder Jugendporträt des Jubilars auf die erste Seite einer Einladungskarte stellen und es dort oder auf Seite 3 oder 4 einer Faltkarte mit einem aktuellen Foto kontrastieren – als augenfälliges Beispiel, wie die Zeit vergangen ist.

Tipps für Einfallsreiche

Wer künstlerisch begabt ist, kann anstelle von Fotos auch kleine Zeichnungen wählen, die auf das Motto des Geburtstags oder auf besondere Eigenarten des Gastgebers anspielen.

Ein passionierter Segler kann sich beispielsweise als Kapitän vor einem Steuerrad zeichnen und seine Einladung mit dem Satz überschreiben »Jochen steuert auf die 50 zu.«

Ein Karikaturist kann die berühmte VW-Käfer-Anzeige (allerdings mit dem Gesicht des Jubilars) nachzeichnen und sie mit »Klaus Merx – 60 – Jahrgang 1944 – Er läuft und läuft und läuft ...« betexten.

Auch das Sternzeichen kann zum Leitthema einer Einladung werden: »Jungfrau mit 40!«

Treffende Verse

Anstelle von Ziffern oder Illustrationen können Sie einer Einladung auch ein markantes Motto, Wortspiel oder Zitat voranstellen, beispielsweise Schlagertitel wie »Mit 17 hat man noch Träume« oder »60 Jahre – und kein bisschen weise« oder ein trotziges »Endlich 40!«

Auch ein Gedicht (durchaus selbst getextet und in Reimform abgefasst) kann für eine Geburtstagseinladung verwendet werden:

Erste Seite der Einladungskarte:

Noch hat mein Auge nicht den alten Glanz verloren,
doch bin ich nicht mehr, der ich einmal war,
es klingt mir fast täglich in den Ohren:
Bedenk dein Alter, mach's dir klar!
Und ich empfinde nun aus meines Lebens Jahren,
dass fünfzig schwächer sind,
als fünfundzwanzig waren.

Zweite Seite der Einladungskarte:

Doch wer, dies alles wohl bedenkend,
dennoch mit mir nach vorne blickt,
wer Jahre mir der Freundschaft schenkend
und mit dem manches ist geglückt,
den lad' ich herzlich ein,
zum Fünfzigsten mein Gast zu sein.

Dritte Seite der Einladungskarte:

Liebe Brigitte,
Fünfzig werde ich am 25. Juni,
aber wir fangen schon am Vorabend an zu feiern.
Auf dein Kommen freue ich mich!

Sonntag, 24. Juni 20.. um 19.30 Uhr
im Matthäus-Haus, Hackenweg 45, Nürnberg.

Jürgen Funke

Schlagzeilen zum Geburtstag des Jubilars

In der Buchhandlung finden sie immerwährende Kalender (oder Kalendarien aus der »Chronik«-Reihe, s. S. 27), die für jeden Tag des Jahres wichtige Ereignisse auflisten, die vor Jahrhunderten, Jahrzehnten oder nur einigen wenigen Jahren stattgefunden haben. Außerdem sind dort für jeden Tag die Geburtsdaten wichtiger Persönlichkeiten verzeichnet.

Schreiben Sie ein Potpourri solcher Schlagzeilen auf die erste Seite Ihrer Einladungskarte und notieren Sie am Ende des Reigens das Datum Ihres eigenen Geburtstages – wie z.B. dieses Geburtstagskind, das am 18. Juni feiert:

18.6.1155: Der deutsche König Friedrich I. Barbarossa wird von Papst Hadrian IV. zum römischen Kaiser gekrönt

18.6.1815: Preußen und Engländer siegen in der Schlacht bei Waterloo über Napoleon

18.6.1881: Das Deutsche Reich, Österreich-Ungarn sowie Russland schließen das Dreikaiserbündnis

18.6.1944: Die USA beginnen im Zweiten Weltkrieg mit der Bombardierung Japans

18.6.1983: Die Raumfähre Challenger setzt den ersten deutschen Satelliten im Weltall aus

18.6.2005: Barbara Nolzen feiert ihren 35. Geburtstag

Ein Beispiel für ein Geburtstagskind, das am 21. Dezember feiert:

21.12.1917: Heinrich Böll wird geboren

21.12.1937: Jane Fonda wird geboren

21.12.1940: Frank Zappa wird geboren

21.12.1942: Reinhard Mey wird geboren

21.12.1955: Dieter Sawatzki wird geboren

und feiert genau 50 Jahre danach seinen Geburtstag!

Zahlenspiele

Häufig können Sie auch humorvolle Assoziationen zwischen dem Jahr oder Datum eines Geburtstags und bestimmten geschichtlichen bzw. politischen Ereignissen herstellen. Der 14. Juli verbindet sich mit dem Sturm auf die Bastille oder der 35. Geburtstag mit der 35-Stunden-Woche:

- Die Gewerkschaft kämpft für die 35-Stunden-Woche
- Das 35. Solarkraftwerk in NRW wird in Betrieb genommen
- Die Arbeitspausen der Postbeamten werden auf 35 Minuten pro Stunde ausgedehnt
- Happy Birthday bei Doldingers. Petra wird 35!

Zur Feier des Tages am 16. Juli 20.. um 19 Uhr seid ihr herzlich in den Tommesweg 16, 45139 in Mülheim an der Ruhr eingeladen.

Einladung zum 40. Geburtstag

Erste Seite der Einladungskarte:

- Zeichnung einer älteren, aus der Puste geratenen Frau. Darüber die Überschrift:

Vollkommen fix und vierzig!

Text auf der zweiten Seite der Einladungskarte:

Am 15. April 20.. ist es so weit!
Ich werde 40!

Mit Beginn meiner Midlife-Crisis finden erste therapeutische Gegenmaßnahmen am Samstag, den 16. April 20.. um 19 Uhr in München-Schwabing in der Bachemstraße 14 statt. Ich hoffe, dass ihr alle kommt, um mir zu helfen, in Unehren zu ergrauen.

Eure Steffi

PS.: Bei Zusagen bis Anfang April 20.. ist eventuell eine Platzreservierung möglich.

IM ZWANZIGSTEN LEBENSJAHR
REGIERT DER WILLE,
IM DREISSIGSTEN DAS WISSEN,
IM **VIERZIGSTEN** DAS URTEIL

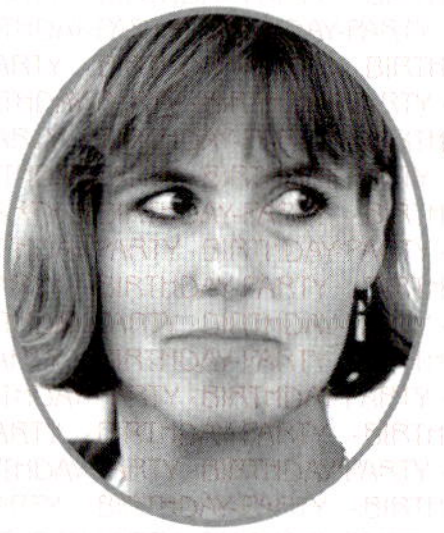

Urteilt selbst ...

am: 14. Januar 20.. **um:** ab 19 Uhr

auf meiner
40. Birthday-Party

Marianne Berendt
Rothenburg 45 in Münster

Einladung zum 50. Geburtstag

Erste Seite der Karte:

- Karikatur, die zwei alte Frauen beim Kaffeeklatsch zeigt. In Sprechblase 1 steht:

> Ich bin am selben Tag und exakt in der selben Minute geboren wie Alice Schwarzer! Aber mein Leben hat die Frauenbewegung nicht verändert!

In Sprechblase 2 steht:

> Du wirst ja nun auch schon 50.

Zweite Seite der Karte:

> ***Liebe Freunde!***
>
> ***Feiert mit mir! Am 12. Juli 20.. um 11 Uhr steigt anlässlich meines 50. Geburtstags ein Frühschoppen am Mühlenbach 84. Bringt Kind und Kegel mit und guten Durst.***
>
> ***Bis dahin alles Gute, eure Anne***
>
> ***PS.: Gebt bitte schnellstens Nachricht (089/982578), ob ihr kommt – wegen der Bierbestellung.***

Einladung zum 60. Geburtstag

Erste Seite einer Klappkarte:

Es geschah vor nunmehr 60 Jahren ...

... dass ein hagerer weißer Storch seine wertvolle Fracht ins Schlafzimmer des kleinen Häuschens in der Essener Turmfeldstraße ablegte.

- Darunter ein Foto: Vor einem alten Haus steht ein Kinderwagen mit einem Baby.

Text unter dem Foto:

Genauer Zielpunkt des Landemanövers: 52°, 40', 12'' nördl. Breite; 8°, 36', 42'' östl. Länge

Zweite Seite der Klappkarte:

Wer da gegen Ende des Zweiten Weltkriegs im Stadtteil Segeroth die »gute« Essener Luft einzuatmen begann, war ein neuer Erdenbürger.
Getauft auf die Vornamen Wilhelm Ludwig, wurde der Knabe schon bald nur Willy gerufen. Er wuchs in schwierige Zeiten hinein, aber die wurden besser, als er 1963 eine Lehre als Metzger abschloss und nur vier Jahre später ein kleines Lädchen sein Eigen nennen durfte.

- Unter dem Text ein Foto: Hinter einer Verkaufstheke stehen ein Mann und eine Frau.

Text unter dem Foto:

Während Ulrike, die erste angestellte Verkäuferin in diesem Lädchen, die große Liebe von Willy wurde (und ab 1972 seine Ehefrau), wuchs das Lädchen zu einem Laden und später zu einem Großhandel, der es beiden ermöglichte, ein Leben ohne Sorgen zu führen. Mit den Jahren kamen Kinder (Klaus und Michael), und gleichzeitig erwachte Willys Leidenschaft für den Sport, vor allem für das Handballspiel. Bei Tusem Essen war er seit 1985 ehrenamtlich aktiv, zuletzt als Betreuer der Jugendmannschaft.

- Unter dem Text ein Foto: Der Jubilar vor einer Handballmannschaft.

Text unter dem Foto:

Mit seiner Familie schlug er sein Domizil schließlich in Gladbeck, Allinghofstraße 7 auf. Dort will der Erdenbürger Willy seinen 60. Geburtstag am 8. 8. 20.. um 15 Uhr begehen und lädt Freunde, Bekannte, Verwandte und Vereinskameraden herzlich ein.

U. A. w. g. bis 15. Juli 20../Tel.: 0 20 43/4 28 88 oder 01 72/2 33 67 45 Willy Schlömers

Einstand und Ausstand gehören zu den erfreulichen Ritualen des Berufsalltags. Die Feier des Einstands zeigt an, dass Sie ein Teil der Betriebsgemeinschaft geworden sind. Der Ausstand ist ein Zeichen an die Kollegen und Kolleginnen, dass Sie gern mit ihnen zusammengearbeitet haben und sich in Form einer Feier dafür bedanken wollen. Meistens finden diese Feiern innerhalb der Arbeitsstunden in der Mittagspause statt. Wer mehr aufwenden möchte, lädt in ein Restaurant in der Nähe ein, wohin man gemeinsam nach der Arbeit aufbricht.

Je nach Größe des Betriebs eignet sich Ihr eigenes Büro, die Teeküche oder die Kantine zum Anbieten von Speisen und Getränken. Eingeladen werden die unmittelbaren Vorgesetzten, alle Kollegen aus Ihrem Arbeitsbereich sowie diejenigen, mit denen Sie in ständigem Kontakt auch außerhalb des eigenen Arbeitsbereiches stehen.

Der Berufsalltag gibt die Form vor

Konzipieren Sie als Einladung einen originell gestalteten Computerausdruck oder hinterlassen Sie eine Nachricht in der Mailbox Ihrer Kollegen. Grafisch können Symbole der Freude (beim Einstand) oder des Aufbruchs (beim Ausstand) den Text illustrieren. Wo es sich anbietet, kann

Sehr geehrter Herr Rittler,

ich möchte mich Ihnen als neuer Kollege vorstellen, der seit 1. Mai als Marketingassistent von Herrn Dr. Rossa arbeitet. Da wir bisher beruflich nur flüchtig miteinander zu tun hatten, lade ich Sie herzlich zu meinem Einstand am 16. Mai ins Bistro Italia ein.

Wir könnten uns dort ab 16 Uhr bei einem zünftigen Altbier näher kennen lernen.

Mit kollegialen Grüßen

Cornelius Wolk

man auch das Firmenlogo in den Mittelpunkt der Einladung stellen und es beispielsweise bei einem Fest zum Ausstand teilen oder aufbrechen.

Liebe Kollegen,

die Firma will mich! Und ich will die Firma. Nun hat sie mich, und nun wird mein Einstand gefeiert.

Ich lade dazu alle ein, die mir in den vergangenen sechs Monaten geholfen haben, in meine Arbeit hineinzufinden und die unzähligen Fragen zu beantworten, die ich gestellt habe.

Ich revanchiere mich mit einem kleinen Buffet, das ihr morgen »durchgehend vierfarbig« ab 12 Uhr in der Teeküche neben der Grafikabteilung findet.

Brigitte Schillack

Seite 1 einer Faltkarte:

Seite 2 einer Faltkarte:

Nach 2 1/2 spannenden und sehr schönen Jahren in Frankfurt führen meine Wege ab 1. 4. 20.. nach München.

Ich muss mich deshalb trennen

- *von lieben Kollegen*
- *von der nie rastenden »Schwatten«*
- *von der Fee aus der zweiten Etage*
- *vom Blick auf den Römer*
- *von den Mittagspausen beim Griechen*
- *und last but not least von der Firma!*

Trotzdem ...

let's have a party!

Am 30. 3. 20.. um 12 Uhr in meinem Büro.

Sandra Kern-Linke

UMZUG UND WOHNUNGSEINWEIHUNG

Nach dem Einzug in eine neue Wohnung oder ein neues Haus lädt man üblicherweise Freunde (vor allem, wenn sie beim Umzug mitgeholfen haben) und Familienangehörige ein. Bei einer Hauseinweihung wird auch der Architekt geladen.

Der neue Wohnort, das neue Haus formen Ihre Einladung

Die Karten zu einer solchen Feier können handschriftlich verfasst werden und sollten inhaltlich noch einmal einen Dank an die Mithelfer aussprechen. Wird allgemein eingeladen, kann man das neue Domizil mit ein paar Worten charakterisieren. Wer in eine andere Region (z. B. als Bayer nach Rügen) gezogen ist, kann die sprachlichen

Eigentümlichkeiten des neuen Umfeldes aufgreifen und seine Einladung in der jeweiligen Mundart verfassen.

Grafisch bieten sich eine Kopie des Grundrisses, eine Zeichnung oder ein Foto des Hauses sowie Cartoons an, die das mühselige Renovieren und Umziehen andeuten. Um den Charakter des Anlasses konkret zu vermitteln, kann man die Einladung auch auf ein Stück Tapete oder die Rückseite einer Kachel schreiben. Nichts spricht dagegen, der Einladung einen Teppichrest oder einen ausgedienten Pinsel beizulegen. Wer in eine neue Stadt umgezogen ist, sollte seine Einladung mit einem Lageplan (s. S. 10) versehen.

An alle, die uns beim unfreiwilligen Auszug aus unserer alten Wohnung geholfen haben, die uns ihre Autos geliehen haben, uns ein Dach über dem Kopf gegeben haben, die unsere Möbel untergestellt haben und uns mit Rat und Tat zur Seite standen:

Wir haben ein neues Heim!

Deshalb feiern Dorle und Hubert Röser am 18. Dezember 20.. um 19 Uhr eine Einweihungsfete in der Hünefeldstraße 22a in Bitterfeld

RICHTFEST

Ein Hausbesitzer lädt zum Richtfest, wenn der Dachstuhl fertig gestellt ist bzw. die letzten Balken eingesetzt werden. Mündlich eingeladen werden in der Regel der Zimmermannsmeister und sein Team sowie der Architekt und sämtliche Handwerker, die an den Bauarbeiten beteiligt sind. Eine schriftliche Einladung erhalten Freunde und Bekannte.

Gefeiert wird im Allgemeinen nach getaner Arbeit am späten Nachmittag. Jedoch steht es dem Bauherrn frei, den Beginn des Festes auch früher anzusetzen.

Symbole zum Anlass

Neben dem Richtkranz als zentralem grafischem Motiv der Karte sind kleine Arbeitszeichnungen oder Stillleben (Baumaterialien, Werkzeuge) sowie ein Foto des Rohbaus denkbar, das man dem in der Regel sachlich gehaltenen Einladungstext gegenüberstellt.

BESTANDENE PRÜFUNG

Wenn das Ende einer Ausbildung oder eines Ausbildungsabschnitts – egal, ob es sich dabei um die Gesellenzeit, einen Meisterbrief, ein Abitur oder Examen handelt – durch eine bestandene Prüfung besiegelt ist, wird dieses Ereignis gebührend gefeiert. Da gibt es die offiziellen Feiern, zu denen oft Schulen oder Universitäten einladen, und außerdem die von Teilnehmern einer Ausbildungsklasse oder -jahrgangs (zusammen mit ihren Ausbildern, Freunden und Verwandten) veranstalteten, privaten Feste.

Inspirationen aus der Fachsprache

Es ist reizvoll, textlich z. B. den Sprachstil einer Abschlussarbeit aufzugreifen und in einer Fachsprache oder einer akademisch bewusst überzogenen Sprache zu schreiben. Man kann auch das Formular, das zu einer bestimmten Prüfung lädt, mit Hilfe von Tipp-Ex und kleinen Hinzufügungen so »umstricken«, dass es zu einer aktuellen Einladung wird.

Auch eine nicht bestandene Prüfung kann gefeiert werden, beispielsweise durch eine »Trotz-alledem-Fete«.

Wissenschaftliches Institut · Ernst Stoppa

An
Martin Schwarz
Am Weiher 5
51488 Bergheim

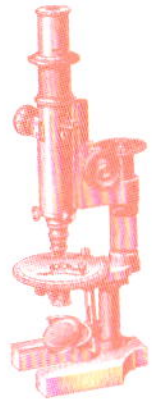

Angebot für eine Zusammenarbeit auf wissenschaftlicher Basis

Nach Abschluss meiner langjährigen Studien führe ich am Freitag, dem 29. 3. 20.., um 20 Uhr im »Schlosskeller« in Bergheim – erstmals unter eigener Regie – eine wissenschaftliche Versuchsreihe zu folgendem Thema durch:

> **Der ernährungsphysiologische Zusammenhang zwischen dem respiratorischen Quotienten maximaler Nahrungsaufnahme, der kalorischen Bilanz körperlicher Aktivität beim Tanzen und der spezifischen dynamischen Wirkung unaufhaltsamen Redeflusses im Hinblick auf die Gemütslage alteingesessener Rheinländer und Westfalen.**

Aufgrund Ihrer Zugehörigkeit zur Standardklasse wurden Sie mir als geeignete Versuchsperson empfohlen. Ich hoffe sehr auf Ihre Mitarbeit und bitte Sie, mir auf dem unteren Abschnitt Ihre Teilnahme bis zum 20. 3. 20.. zu bestätigen.

Mit freundlichen Grüßen Ernst Stoppa

✂ .... ✂

An der oecotrophischen Versuchsreihe am 29. 3. 20.. um 20 Uhr nehme ich mit ...... Personen, davon ...... männlich und ...... weiblich teil/nicht teil. Nichtteilnahme nur gegen Vorlage einer amtsärztlichen Bescheinigung!

RUHESTAND

Mit dem Ausscheiden aus dem aktiven Berufsleben ist zumeist eine betriebliche Feier in Form eines Empfangs verbunden. Hierzu werden Kollegen der Abteilung oder des Betriebs eingeladen, in dem man tätig war. Zusätzlich zur betrieblichen Feier lädt man die Familie sowie Freunde und Vereinskollegen nach Hause ein.

Freude auf die Zukunft – keine Wehmut aufkommen lassen

Die Einladungskarte kann durch eine Zeichnung oder durch ein Foto das Hobby des Ruheständlers herausstellen und augenzwinkernd kommentieren (»Endlich auch morgens einkaufen gehen«, »Ab sofort ist mein Heimkino durchgehend geöffnet«). Kleine Cartoons spielen auf Verhaltensweisen wie Ausschlafen oder Nichtstun an; Illustrationen von Schaukelstuhl, Liegestuhl, Hängematte oder Parkbank symbolisieren Muße und Freizeit.

Textlich sollte man einen möglichst sachlichen Stil anstreben. Zu viel Pathos wirkt leicht kitschig oder peinlich.

Ruhebett (hoffentlich nicht)
Ruhegeld (herzlich gern)
Ruhepause (so oft wie möglich)
Ruhesitz (wird noch ausgeguckt)
Ruhestörung (hoffentlich nie mehr)

Was fehlt noch?
Ruhestand (endlich)

Einladungen zum Klassentreffen erfolgen meist durch die Initiative einzelner, besonders aktiver Mitschüler einer Klasse oder eines Jahrgangs. Ist die – oft mühselige – Aufgabe der Adressenrecherche überwunden, wird man in eine Gaststätte oder in ein Lokal einladen, das Bezug zur ehemaligen Schule oder Schulzeit hat. Aufwändigere Einladungen erfolgen bei besonderen Jubiläen wie zehn- oder zwanzigjähriges Klassentreffen, die oft ein Wochenende lang dauern oder mit einer Kurzreise (z. B. an den Ort einer gemeinsamen Klassenfahrt) verbunden sind.

Der Schatz gemeinsamer Erinnerungen

Zu den üblichen Gestaltungselementen zählen Fotocollagen von Mitschülern oder Lehrern. Kleine Zeichnungen spielen auf gemeinsame Schul- und Schülererlebnisse an. Wer die Abiturzeitung oder das Jahrbuch noch besitzt, kann das Titelblatt in die Einladung kleben oder eine Fotokopie der Namen der Abschlussklasse (sie wurden früher gewöhnlich in Lokal- oder Regionalzeitungen veröffentlicht).

Textlich kann man in der Einladung den Schülerjargon aufgreifen und/oder unvergessene Bonmots von Lehrern oder Schülern einfließen lassen. Das ruft auf sympathische Art Erinnerungen wach. Denkbar ist auch, den Einladungstext mit stereotypen Fragen einzurahmen, die auf Klassentreffen oft gestellt werden (»Ist das nicht ...?«, »Was macht denn ...?«) oder auf einzelne Mitschüler durch gezielte Fragen anzuspielen (»Läuft er noch 100 m in 11,1?«).

Lieber Manuel,

zehn Jahre ist es her, dass wir uns verabschiedet haben von denen, die uns baten »die Einwände zu unterlassen«, »die Tischbeine wieder anzuschrauben«, »Kronphilosoph Hegel« zu befragen oder das Abitur »nicht als Juxunternehmen» aufzufassen. Kalle Koschmieder, »Simon« Gippert, Hennes W. und »Ulalla« – was mögen sie machen? Und vor allem: Wie mag es dem »undisziplinierten Haufen« der 13e gehen?

Zehn Jahre sind ins Land gegangen seit unserm Abi. Ein würdiger Anlass, um die »Amici« und auch die »professoralen Vogelscheuchen« noch einmal zusammenzubringen.

Peter und ich haben deshalb den 11. Mai 20.. für ein großes Wiedersehen vorgesehen. Unsere Stammkneipe am Chlodwigplatz – das »Antico« – existiert noch! Dort sind ab 18 Uhr 17 Stühle reserviert.

Bitte bestätige uns telefonisch deine Teilnahme bis zum 20. April (0 71 53/8 57 76). Wenn du noch Kontakt zu Franjo Stroop oder Susanne Teichert hast, gibt uns bitte die Adressen durch – sie fehlen uns noch!

Auf ein dreifaches »Um-suff« freuen sich

Peter Stickel und Stephan Beyer

FASTNACHT UND KARNEVAL

Auch wenn sich das Fastnachts- oder Karnevalstreiben vorwiegend in der Öffentlichkeit (auf den Straßen, in Gaststätten und Wirtshäusern) abspielt, finden parallel dazu in den tollen Tagen zahlreiche private Karnevalsbälle, Kostümfeste oder gesellige Partys statt, zu denen besonders eingeladen wird. Nennen Sie neben Ort, Zeit und Tag das Motto oder Thema Ihres Festes, damit die Gäste entsprechende Kostüme kaufen oder herstellen und lustige Festbeiträge planen können. Verschicken Sie die Einladungen vier Wochen vor dem eigentlichen Termin.

So vermitteln Sie Vorfreude

Karten können mit traditionellen grafischen Elementen wie aufgeklebtem Konfetti, beigelegten Luftschlangen, Ratschen oder Masken, aber auch Hexen- und Drachenmotiven sowie themenbezogenen Karikaturen verziert sein (s. S. 21). Legen Sie der Einladung besondere Eintrittskarten oder eine »Kamelle« bei, wie sie im Rheinland auf den Rosenmontagszügen von den Wagen geworfen wird, oder schreiben Sie den Text auf eine – ausgerollte – Narrenpritsche.

Eingeladen wird auch zur Weiberfastnacht am Donnerstag vor dem eigentlichen Karneval. An diesem Tag übernehmen die Frauen das Regiment in der Stadt und schneiden den Männern die Krawatten ab. Schlips und Schere sind nahe liegende Elemente, mit denen sich eine Karte gut schmücken lässt.

Liebe Anne,

am 9. Februar ist es wieder so weit: Der Geisterzug zieht durch die Altstadt. Wir wollen uns zur Geisterstunde (19 Uhr) hohlwangig und weiß geschminkt unter die anderen Grufties mischen und mit heißen Zaubertränken die Lebensgeister animieren.

Geistreiche Gesellschaft ist erwünscht, ausdrücklich auch Ghostbusters und sonstige Geistesverwandte. Bitte Büchsen, Trommeln, Pfeifen und andere Krachmacher mitbringen. Wir wollen unterwegs für heiße Samba-Rhythmen sorgen.

Treffpunkt: Mein Geisterhaus in Holweide,
Am Hirschsprung 11.

Anfahrt: Über die Geisterbahn (S-Bahn-Haltestelle Rath). Mit dem Auto (Vorsicht, Geisterfahrer!) über die A 3, Abfahrt Semmerich, A 555, dann 3. Ampel links und erste Kreuzung rechts.

Ganz begeistert: Antje

SILVESTER UND NEUJAHR

Silvester ist ein Fest der langen Nacht, das seinen Höhepunkt um Mitternacht hat, wenn Sektkorken knallen und privates oder öffentliches Feuerwerk seinen Zauber am nächtlichen Himmel entfaltet. Das Festende kann sich daher bis in die Morgendämmerung des ersten Tages des neuen Jahres hineinziehen.

Sie können Silvester auf familiäre Art feiern, indem Sie zu einem Abendessen oder Buffet einladen und die Zeit bis Mitternacht mit Fernsehen, Gesellschaftsspielen, Bleigießen oder Gesprächen verbringen. Sie können auch im großen, festlichen Rahmen feiern und die Silvesterparty unter ein Motto stellen oder die Gäste bitten, das Programm zu gestalten. In jedem Fall sollten sie ein Neujahrsfrühstück vorbereiten, das so üppig ist wie ein Brunch und so wirkungsvoll wie ein Katerfrühstück.

Ausgelassen oder edel: Wählen Sie Ihren Stil

Die Form der Einladung hängt von der Art der Feier ab: Sie kann in persönlicher Form Rück- und Ausblick halten, sie kann zwei Eintrittskarten für einen Ball oder eine Revue enthalten (oder die entsprechende Zeitungsanzeige in Kopie) oder als selbst gefertigtes Knallbonbon (aus Tonkarton mit silbernem Krepppapier) konzipiert werden.

Grafisch können Symbole wie Glücksschwein, Zylinder, Luftschlangen, Sektkorken und natürlich Feuerwerkskörper den Text auflockern (s. S. 21f.). Als originelle Beigabe zur Einladung ist eine gegossene Bleifigur denkbar.

Liebe Ricarda,

in den Straßen ist es jetzt still, und wenn am Abend die Lichter der Weihnachtsbäume angehen, macht einen das schon ordentlich melancholisch. Wir haben viel miteinander telefoniert in den letzten Wochen, und wir haben uns sehr viel gesagt – selbst dann, wenn jeder dem anderen nur zugehört hat.

Hast du Lust, Silvester zu mir nach Greifswald zu kommen und mit mir ins nächste Jahr hineinzufeiern? Von meiner neuen Wohnung hat man einen herrlichen Blick auf die Stadt, wenn das Feuerwerk losgeht.

Dein Helmut

Liebe Familie Bündgen,

zur Begrüßung des neuen Jahres und zur Anhörung Ihrer guten Vorsätze möchten wir am 1. 1. 20.. um 17 Uhr mit Ihnen anstoßen. Wir haben uns im alten Jahr sehr mit Ihnen verbunden gefühlt und freuen uns auf Ihr Kommen.

Doris und Ewald Jansen

Hier lassen Sie Ihrer Fantasie freien Lauf. Ihre Einladung hat nur einen Zweck: Vorfreude wecken, neugierig machen und Ihre Gästeschar auf den Weg bringen.

FRÜHSTÜCK UND SEKTFRÜHSTÜCK

Zum Frühstück lädt man Freunde, Kollegen oder Nachbarn ein. Als Gastgeber stellen Sie neben verschiedenen Brötchen- und Brotsorten eine üppige Auswahl an Marmeladen- und Honigsorten, Aufschnitt und Käse sowie an frisch gepressten Fruchtsäften bereit. Bei Kaffee oder Tee können Sie Spezialitäten servieren – etwa frisch gemahlene Maragogype-Bohnen, aromatisierten Röstkaffee oder ausgefallene Teesorten wie Japan Sencha.

Eine Outdoor-Version des informellen Frühstücks ist das Frühstück im Grünen, zu dem an einem schönen Sommertag in einen Park, auf eine Wiese oder an ein Flussufer geladen wird – entweder mit Familienangehörigen oder mit Freunden. Ein solches Frühstück kann auch Auftakt zu weiteren Aktivitäten wie einem gemeinsamen Spaziergang oder dem Besuch eines Museums sein.

Einladungen, die das Wasser im Mund zusammenlaufen lassen

Bei der Gestaltung der Einladung können Sie mit Motiven wie Frühstückskorb, Brotkorb, Brezeln, Kaffeekanne u. Ä. spielen. Zeitungsbeilagen bringen Ihnen Prospekte von Supermärkten ins Haus, mit zahlreichen Abbildungen von Lebensmitteln, die auch für ein Frühstück geeignet sind. Schneiden Sie die Bilder aus und kleben Sie sie zu einer Collage zusammen. Oder stellen Sie aus Etiketten von Marmeladen, Getränkeflaschen, Milchverpackungen, Teebeuteln u. Ä. eine Collage zusammen.

Sie können auch eine originelle Faltkarte basteln, indem Sie ein Brötchen von oben und unten fotografieren, ausschneiden und jeweils so auf die Karte kleben, dass der Effekt eines aufgeschnittenen Brötchens entsteht (s. S. 69). Ein ähnlicher Effekt lässt sich durch eine aufklappbare Kaffeekanne erzielen. Textlich spielen Sie mit Zitaten zum Thema Frühstück, die Sie in vielen Variationen in Büchern zum Thema Ernährung finden.

Champagner, Chic und Canapés

Der Schwerpunkt eines Sektfrühstücks liegt – wie der Name sagt – im Getränk. Sie servieren Sekt oder Champagner, ergänzt durch Orangensaft und ein oder zwei nicht alkoholische Getränke. Dazu reichen Sie luxuriös belegte Canapés oder auch Sushi, Tacos, Tapas, Blinis mit Kaviar oder kleine, gefüllte Butterteighörnchen.

Zu einem solchen Sektfrühstück – das einen offizielleren Charakter hat als ein konventionelles Frühstück – wird etwa drei Wochen vor dem eigentlichen Termin eingeladen. Grafisch stehen Sektetiketten oder Symbole wie Flaschen, Sektgläser und Korken im Mittelpunkt der Einladung (s. S. 22). Lösen Sie ein Sektetikett von der Flasche und fotokopieren Sie es auf das Papier Ihrer Einladung. Scannen Sie das Logo oder Wappen der Sektkellerei ein und gestalten Sie am PC eine Einladung, die das Layout, die Farbgebung und die Schrift des Etiketts imitiert. Oder suchen Sie ein Cartoon, das feiernde Menschen auf einem Empfang o. Ä. zeigt – mit Sektgläsern in der Hand. Schöne Effekte lasen sich auch mit silberner oder goldfarbener Spezialtusche erzielen; sie vermittelt Ihren Gästen den edlen Charakter, der auch auf dem Design von Sektflaschen zu finden ist.

Hallo, ihr Weibsen!

Noch 72 Stunden, dann bin ich unter der Haube!

Da ich mir zwar meine Freiheit (na ja, ein bisschen wenigstens), aber nicht meine Freundinnen nehmen lasse, möchte ich euch am 24. August 20.. um 11 Uhr zu einem Sektfrühstück einladen und auf unsere Freundschaft anstoßen.

Ich erwarte euch – ganz in Weiß (ohne Rosenstrauß).

Eure Christine

Liebe Irene, lieber Christian,

wir hatten gewettet, dass es unser kleiner Wonneproppen bis November in seinem warmen »Zuhause« aushält – aber er war schneller! Die Kiste Sekt habe ich zwar verloren, aber ich entkorke die Flaschen gern: Das Ergebnis hätte kein Bildhauer besser hinkriegen können.

Um unseren »flinken Joachim« gebührend zu feiern, wollen wir alle, die mit uns gefiebert haben, zu einem Sektfrühstück am 14. Januar 20.., 10.30 Uhr, zu uns nach Stralsund einladen.

Inge und Walter Demel

EINLADUNG ZUM ESSEN

Einladungen zum Essen sind eine sympathische Form, kurzfristig ein geselliges Zusammensein zu arrangieren. Den formellsten Charakter hat dabei die Abendeinladung. Wer gern kocht, kann zu diesem Anlass seine Gäste ins heimische Wohnzimmer bitten, wo man persönlicher als im Restaurant tafeln kann. Im Sommer werden Sie auch Terrasse, Garten oder Balkon einbeziehen.

Neben der Abendeinladung gibt es zahlreiche andere Möglichkeiten für eine Einladung zum Essen, z. B. ein

Frau

Stefanie Hammers

ist allerherzlichst
zu einem üppigen (Völlerei-)

Feierabendfrühstück

am Donnerstag (Fronleichnam)

dem 11.6.20.. um 10.30 Uhr

im Café am Burgtheater

eingeladen.

Herr *Thomas Wirz* wird

ihr Tischnachbar sein.

Brunch für Freunde und Bekannte, ein Picknick oder eine Grillparty, aber auch speziellere Formen wie Kaffeekränzchen, Teestunde oder ein Dinner for two.

Rustikal oder edel: Motive für jeden Anlass

Dem Anlass der Einladung entsprechend bietet es sich an, mit grafischen Symbolen wie Fass, Steinkrug (zum Frühschoppen), Weinglas (Weinprobe), Silhouetten von Tee- und Kaffeekannen (zum Kaffeekränzchen) oder aufgeklebten Zeitungsbildern (aus Beilagen von Lebensmittelketten) zu arbeiten, die Grillwürstchen, Saucenflaschen, Brötchen, Marmeladengläser u. Ä. zeigen (für Einladungen zum Frühstück oder Grillfest).

Wenn es edler zugehen soll, können Sie Ihrer Einladung zum Abendessen auch eine Speisefolge oder eine fotokopierte Speisekarte beilegen. Wer in ein Restaurant einlädt, kopiert dessen Logo aus einem kulinarischen Führer oder schneidet eine entsprechende Zeitungsanzeige aus.

Wenn Sie Spaß an Gimmicks haben, legen Sie Ihrer Einladung Bier-, Wein- oder Sektetiketten, Teebeutel oder Kaffeefilter, eine ausgefallene Nudelform oder die Tüte einer Fertigsuppe bei.

Einen schönen Effekt erzielen Sie auch, wenn Sie Buchstabennudeln seitenverkehrt auf die Glasplatte eines Fotokopiergeräts legen, damit Buchstabe für Buchstabe den Text Ihrer Einladung legen und ihn anschließend fotokopieren (s. S. 98).

LIEBER RALF,
WOZU DARF ICH DICH
EINLADEN?

- ❑ Amerikanisch (die berüchtigte Küche eines schottischen Immigranten)
- ❑ Halver Hahn (vegetarische Kölner Spezialität)
- ❑ Chinesische Cully Wulst
- ❑ Kuss Kuss oder Negerkuss
- ❑ oder bei deinem Schnucki zu Hause die bewährte Hausmannskost (knurr)

u.A.w.g.
bis nächsten
Sonntag

DEINE ELLEN

ABEND ZU ZWEIT

Zu den persönlichsten Einladungen gehört der Abend zu zweit, der Verliebten oder Paaren vorbehalten ist. Mit oft nur wenigen, aber dafür sorgfältig auf den Partner abgestimmten Worten spiegeln Einladungen dazu das Verhältnis zweier Menschen wider – ihre Gefühle füreinander, ihre Hoffnungen und Sehnsüchte, ihre Nähe und manchmal auch Ferne.

Traditionell ist der Valentinstag (14. Februar) ein beliebter Anlass, um einen Abend zu zweit zu begehen. Viele Menschen nehmen ihn als Anstoß, um allgemeine, oft philosophische Gedanken aufzuschreiben.

Anlässe für eine Begegnung zu zweit gibt es aber auch darüber hinaus. So kann man das Datum des ersten Kusses oder des ersten Kennenlernens feiern; man kann an die erste zusammen verbrachte Nacht, an die ersten 100 Tage, an den Jahrestag oder an die gemeinsam verbrachten Stunden oder Sekunden erinnern. Ebenso kann man ein Wiedersehen nach einer getrennt verbrachten Reise feiern oder zum Versöhnungstrunk nach einem Streit einladen.

Nicht immer muss man sich dabei in einem Restaurant treffen. Sie können auch zum Probehören einer neuen CD einladen, zu einem Kurztrip nach Rom – oder Ihrer Einladung einen (nicht übertragbaren) Gutschein über eine Verabredung zum Kuscheln beilegen.

Ihr ganz persönlicher Sprachcode

Am meisten Freude lösen solche Einladungen aus, wenn sie grafisch und textlich geschickt mit Anspielungen umgehen (die nur die Verliebten aufzulösen wissen) oder auf bestimmte Vorlieben und Situationen reagieren (»Immer noch Überstundenstress? Dagegen hilft eine Teestunde mit deiner Schwäbin!«).

Wählen Sie bei der Anrede möglichst Kosenamen (»Hallo Usch«, »Lieber Muckel-Mann«, »Süße, kleine Brausemaus«) oder umschreibende Wendungen (»An den Mann mit dem roten Cabrio«, »An die Chaotin aus Ronsdorf«). Weniger persönlich wirken allgemeine, inhaltsleere Wendungen wie »Bärchen«, »Engel«, »Maus«, »Fee«, »Schatz« oder »Süße«.

Wenn Worte fehlen

Je feinfühliger Sie Ihre Gefühle und Gemeinsamkeiten auszudrücken vermögen, desto mehr wird eine Einladung Erfolg haben. Der Abdruck der Anfangszeilen eines gemeinsam geschätzten Liebeslieds (zur Erinnerung an den ersten Kuss) oder eine ganz knapp gehaltene Einladung zum Essen (»Pasta, Pizza, Panettone. Ich warte auf dich im Palazzo Pitti, 20 Uhr. Ralf«) mögen mehr bewirken als pathetische, vom Adressaten oft als peinlich empfundene Wortkaskaden.

Traditionelle Motive wie Herzen, mit Lippenstift aufgedrückte Kussmünder oder Symbole, die Zweisamkeit ausdrücken, können den Text visuell begleiten. Viele Schmuckbilder lassen sich leicht zeichnen oder aus Comic-Heften und Büchern kopieren. Außerdem bieten die Schreibwarenläden eine Fülle von passenden Aufklebern an, oft sogar mit kleinen Sprüchen (»Ich vermisse dich«, »Was wäre die Welt ohne dich«) oder auf den jeweiligen Namen des Absenders abgestimmt (Namensalphabete).

Mein liebes Mäuschen!

Die Welt weiß es und ahnt es doch nicht. 365 Tage und mehr dein Du … mein Ich – in unserem Wir. Verschlungen wie Socken, die verknotet sind.

Danke für das Lachen und die Tränen, für dieses unglaublich kraftvolle, spannende, zärtliche, einswerdende, einmalige und unverwechselbare Leben.

Ich hab dich unendlich lieb.

Zur Feier unseres Jahrestages lade ich dich ein ins Entenhaus zur Pak-Po-Kai-Platte für zwei Personen.

Dein Sebastian

Hast du am nächsten Wochenende schon etwas vor?

Nein! Da wüßte ich was:
Da gibt es ein kleines Hotel in Paris, da ist noch ein Zimmer frei. Und den Flug habe ich schon mal reservieren lassen. Bis dann, dein Richard

7 x 7 x 7 x 7 ...

und 7 Minuten
bleiben wir
in der Welt
dieser Liebe

Für die vergangenen zwei Jahre danke ich dir, liebe Vera, und lade dich ein zu einem Schmuseabend bei mir am Sonntag, den 16. November 20..

Ich spiele von 20 Uhr bis Mitternacht George Michael nonstop.

Dein Martin

Liebes Wildpferd,

wenn man zu lange und zu feste am Seil zieht, muss man damit rechnen, dass es reißt. Ich weiß, ich habe viel verkehrt gemacht und darüber nachgedacht. Doch ein Leben ohne dich ist unvorstellbar für mich! Ich habe dir noch sooo viel zu geben, drum bitte ich dich, geh mit mir durchs Leben. Egal, was die anderen sagen. Ich sitze am Sonntag, den 13. März 20.. ab 19 Uhr auf unserem Stammplatz im Brauhaus und halte deinen Stuhl frei. Lass uns dort alles noch einmal bereden. Diesmal höre ICH zu!

In Liebe, Sven

Liebes Puffelchen,

weißt du noch, wie alles anfing? Wie du die lange, gewundene Allee am Decksteiner Weiher entlanggingst – in deinem braunen Frühjahrsmantel und dem violetten Hut, der so herrlich in der Sonne leuchtete? Erinnerst du dich an die Bank am Wasser, auf die ich mich setzte? Schmeckst du die Salbeibonbons, die wir lutschten, während wir von Parks und Gärten schwärmten, vom Frühling und der erwachenden Natur?

Dieser Nachmittag ist nun drei Jahre her. Lass uns ihn an dem Ort feiern, wo alles begann – mit einer Tüte Bonbons und hinterher im Haus Hahnenwald beim Dinner for two.

Alles Liebe, Oliver

War nicht so gemeint

Einladung zum Versöhnungstrunk
bei mir am 17.10.20..
Dein Paul

Ein Sommerfest auszurichten, ist in unseren Breitengraden mit einem gewissen Risiko verbunden, da es in der Regel unter freiem Himmel stattfindet und buchstäblich ins Wasser fallen kann, wenn das Wetter nicht mitspielt. Wer dazu nicht spontan, sondern Wochen im Voraus einlädt, sollte für ausreichende Unterstellmöglichkeiten sorgen und einen Grillplatz mit angegliederter Hütte, eine Wiese mit naher Scheune oder einen Garten mit der Aufstellmöglichkeit von Zelten wählen.

Einen besonderen Charme erhält ein Sommerfest, wenn man es unter ein bestimmtes Motto stellt (»Italienische Nacht«, »90er-Jahre-Revival«, »Zauberwiese«) oder durch Einlagen wie Theateraufführungen, Ballturniere oder eine Kahnpartie auflockert. Auch die Dekoration trägt zur Stimmung bei – durch Lampions, Windlichter oder eine kleine improvisierte Waldhütte, die man eigens für die Kinder bauen kann.

Stimmung und praktische Fragen

Eine Einladung zum Sommerfest illustrieren Sie mit Zeichnungen von Lampions, Windlichtern, Grills und Grillhütten sowie typischen Picknickmotiven. Steht das Fest unter einem Motto, können Masken, Boote, Zelte u. Ä. die erste Seite einer Faltkarte schmücken.

Im Text gehen Sie bitte darauf ein, ob Ihre Gäste Lebensmittel bzw. Getränke oder Grillzubehör mitbringen sollen. Auch darf eine detaillierte Anfahrtsskizze mit Parkmöglichkeiten und Ihrer Handynummer nicht fehlen. Sind Kinder eingeladen, gehört auch ein Programm mit Spielen in die Einladung.

Liebe Freunde!

Die Löchels sind nun seit sieben Jahren ein Paar, und seit zwei Jahren auch staatlich anerkannt. Diese absolut dekadente Beziehungskiste soll nun endlich gebührend gefeiert werden!

Wer Lust und Zeit hat, kann am Freitag, dem 7. Juni 20.., ab 17 Uhr zu uns in den Garten kommen (Steeler Straße 542, hinterm Haus). Fressalien sind aufgrund permanenter Finanzkrisen nur spärlich vorhanden, also nur ein Rumpfkontingent an Getränken und Grillbarem. Jemand mit tierischem Kohldampf kann ja noch was mitbringen.

Bei Regen und Bodennebel verschiebt sich die Fete um genau eine Woche auf den 14. Juni.

Bis dann – die Löchels (Kiesi und Frank)

Zu heiß zum Schlafen! Widerliche, Blut saugende Insekten warten nur darauf, dass euch die Augen zufallen und sie ihren Rüssel in eure heiße Haut versenken können. Lasst euch nicht auslutschen! Macht stattdessen eine ganze Nacht durch! Kommt zu unserer

Hot Summer Night

Für Gratis-Fliegenklatschen ist gesorgt!

Zum Spielenachmittag oder -abend lädt man gleich gesinnte Freunde und/oder Interessierte ein, die sich einem bestehenden Spielkreis anschließen wollen. Dabei hängt es von der Art des Spiels ab, ob man seine Gäste ins Grüne bittet (etwa zu einer Partie Krocket oder Boccia) oder zu sich nach Hause (zu Gesellschafts- oder artenspielen).

Stil des Spiels, Stil der Einladung

Die Gestaltung der Einladung richtet sich nach der Art des Spiels oder der Spiele. Sie können Ausschnitte von Spielbrettern fotokopieren und Text in die freien Zwischenräume schreiben. Oder auch bestehenden Text ab- und überschreiben, was sich z. B. bei den Monopoly-Ereigniskarten anbietet. Die Spielsteine von Scrabble, seitenverkehrt auf ein Fotokopiergerät gelegt, können das Wort »Einladung« bilden. Fotokopien von Spielsteinen, Spielkarten und Würfeln lockern Ihren Einladungstext auf.

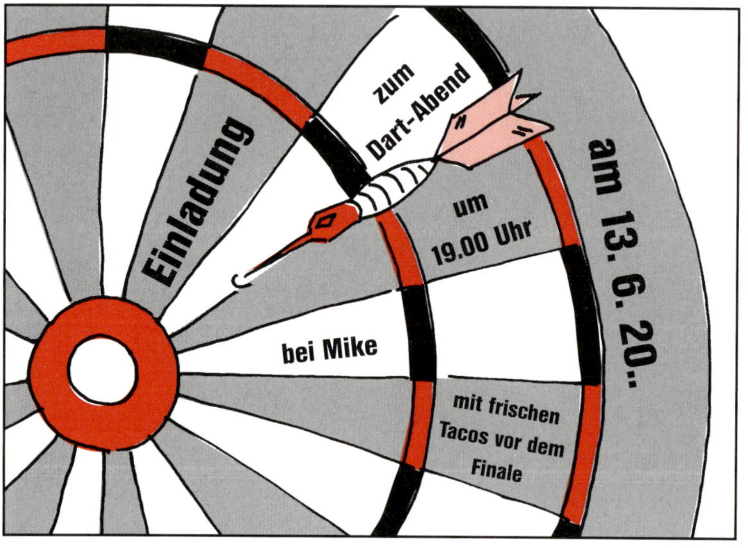

Ein Fest zu feiern, auch wenn kein Jubiläum und kein offizieller Anlass dazu herausfordern – dieser Impuls entsteht oft aus dem spontanen Wunsch, mit Freunden und Bekannten ein paar gemütliche Stunden zu verbringen. Das Spektrum solcher »Zwischendurch-Feste« (die durchaus auch von langer Hand vorbereitet sein können) reicht von Jubiläumsfesten aller Art bis hin zur Fahrradtour oder »Blue Night«.

Legen Sie Ihrer Fantasie keine Zügel an!

Die Form der Einladung entspricht dem Motto und erscheint umso gelungener, je schräger und unkonventioneller sie gestaltet ist. Im Folgenden finden Sie Anregungen und Textbeispiele für bunt ausgewählte Anlässe.

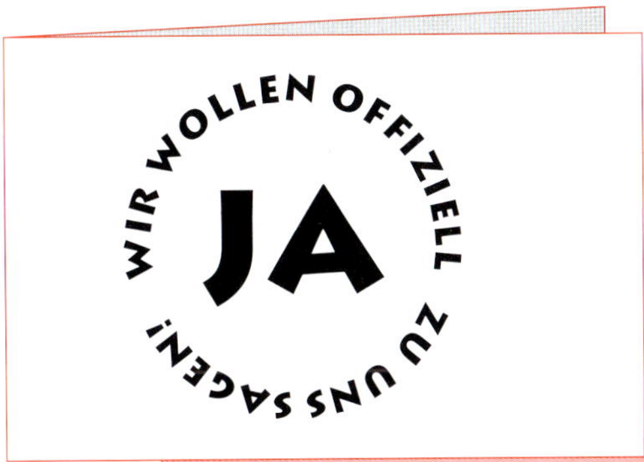

Unser *Ja* ist ein *Ja*.
Unser *Ja* ist kein Möglicherweise,
kein Unter Umständen, kein Probeweise.
Unser *Ja* ist kein Naja.
Unser *Ja* ist ein *Ja* zu uns,
wie wir sind und wie wir werden können.

Einladung zur Radtour

Die Luft ist raus, der Akku leer,
die Muskelkraft stellt's wieder her.
Die Sonne scheint, drum hol es rauf –
das Radl und den Flicken drauf
und aufgepumpt, schon fahren wir
durch Felder, Wiesen und Auen,
lass uns gemeinsam sie schauen.
Am 10.5., 9.00, da geht es los,
Treffpunkt bei mir, Ihr seid dabei – famos!

Eure Tina

Once in a blue moon …
Alle Jubeljahre wieder …

laden wir euch ein: Diesmal – zur Sonnenwende des blauen Planeten – wollen wir das neunte Hoffest am 22. Juni .. ab 19.00 Uhr zu einer

Blue Night machen.

Wir hoffen auf … alle Blaubärte und Blaustrümpfe, blauäugigen Schönen und blaublütigen Hagestolze, Blues Brothers & Sisters, blaue Engel, blaue Jungs und blaue Reiter … also: auf euer Kommen. Alles ist möglich: Blaue Wunder, das Blaue vom Himmel inklusive, satter saturday night blues, verschnörkelte blue tangos, azzurro, wo man hinschaut … auf dass ein(e) jede(r) mit einem blauen Auge davonkomme, selbst wenn – weil kornblumenblau – der Montag zum blauen wird …

Erste Seite einer Faltkarte:

DAS LEBEN IST WIE EIN TANZ.
ES BEWEGT SICH STÄNDIG WEITER

AUCH MIT 49!

Zweite Seite einer Faltkarte:

Liebe Steffi, lieber Jens,
ich lade euch herzlich ein, an meiner 49. Runde teilzuhaben. Bringt Bewegung mit, lacht, esst, trinkt, plauscht, genießt und tanzt mit allen
– und vor allem mit mir!
Wir feiern am 14. 7. 20.. ab 19.30 Uhr,
so der Sommer uns hold ist, in Garten und Haus.
Andrea Neiner

*Warum verflossene 80 Jahre beklagen
wenn die meisten doch schön waren?
Zu wissen, dass man wirklich gelebt hat
schafft Zufriedenheit für die kommende Zeit*

Maria Wunderlich
**** 7. Dezember 1925***

*Meinen 80. Geburtstag
möchte ich mit Verwandten,
Nachbarn und lieben Freunden feiern*

*Dazu lade ich am Montag,
7. Dezember 2005
um 11 Uhr im Hotel Ickhorn zu einem
Sektempfang mit anschließendem
Brunch ein*